中華古籍保護計劃

ZHONG HUA GU JI BAO HU JI HUA CHENG GUO

·成果·

（唐）劉知幾 撰

明本史通

第一册

國家圖書館出版社

圖書在版編目(CIP)數據

明本史通:全二册 / (唐)劉知幾撰.-- 北京:國家圖書館出版社, 2019.3

(國學基本典籍叢刊)

ISBN 978-7-5013-6371-1

Ⅰ.①明… Ⅱ.①劉… Ⅲ.①史學理論—中國—唐代 Ⅳ.① K092.42

中國版本圖書館 CIP 數據核字(2018)第 050309 號

書　　名　明本史通(全二册)
著　　者　(唐)劉知幾　撰
責任編輯　王亞宏
封面設計　徐新狀

出　　版　國家圖書館出版社(100034　北京市西城區文津街 7 號)
(原書目文獻出版社　北京圖書館出版社)
發　　行　010-66114536　66126153　66151313　66175620
66121706(傳真)　66126156(門市部)
E-mail　nlcpress@nlc.cn(郵購)
Website　www.nlcpress.com→投稿中心
經　　銷　新華書店
印　　裝　北京市通州興龍印刷廠
版　　次　2019 年 3 月第 1 版　2019 年 3 月第 1 次印刷

開　　本　880×1230(毫米)　1/32
印　　張　17.5

書　　號　ISBN 978-7-5013-6371-1
定　　價　50.00 圓

《國學基本典籍叢刊》編委會

《國學基本典籍叢刊》前言

國家圖書館出版社（原書目文獻出版社 北京圖書館出版社）成立三十多年來，出版了大量的中國傳統文化典籍。由於這些典籍的出版往往采用叢書的方式或綫裝形式，供公共圖書館和大學圖書館典藏使用，普通讀者因價格較高、部頭較大，不易購買使用。爲弘揚優秀傳統文化，滿足廣大普通讀者的需求，現將經、史、子、集各部的常用典籍，選擇善本，分輯陸續出版單行本。每書之前均加簡要説明，必要者加編目録和索引，總名《國學基本典籍叢刊》。歡迎讀者提出寶貴意見和建議，以使這項工作逐步完善。

編委會

二〇一六年四月

出版説明

《史通》是我國第一部史學理論著作，與章學誠的《文史通義》被視作中國古代史学理論之『雙璧』。

現存《史通》的最早版本是明嘉靖十四年（一五三五）的陸深刻本。嘉靖十三年，陸深在江西得到一部蜀刻本《史通》，他在此基礎上進行校訂，於次年完成，并刻版印刷。在陸深之前，《史通》已不多見，『偶有抄本，訛誤甚多，頗難讀也』。陸深雖然在蜀刻本基礎上『補殘刓繆』，『訂其錯簡，還其缺文』，但由於所見版本尚少，無可參對，仍不免『校勘粗畢，訛舛尚多』。

陸深以後，校刻《史通》的便是張之象。張之象見到友人秦汝立家藏宋本《史通》，『字整句暢，大勝蜀刻』，乃與同鄉徐球、馮繼可等人『參合衆本，丹鉛點勘，大較以宋本爲正，餘義通者，仍兩存之，反覆折衷，始明潤可讀』。校訂完成後，『乃倡義捐貲鏤板流布』。此爲張之象刻本，後人也稱之爲『張本』『象本』和『雲間本』。然此本完成後，其真實性仍不免受人懷疑，直到何堂用華亭朱邦憲影宋鈔本核對，認爲其序言中依據宋本校刻之言不虛，此本纔廣受重視。朱希祖也曾對

《史通》諸本進行校勘，認爲象本『爲史通流傳本之最佳者』（《劉子玄年譜稿》，見《北京圖書館藏珍本年譜叢刊》第九册，第三〇三頁），還曾建議張元濟以此本收入《四部叢刊》。

此後的刻本，還有明萬曆三十年（一六〇二）的張鼎思刻本，《四部叢刊》影印的即是此本。此本參照抄本和陸深刻本進行校訂，但《補注》和《因習》仍有大段脱誤。後郭孔延據此本續寫《史通評釋》，得李維楨贈張之象本，纔將此兩篇補全。

對《史通》的校勘，還有明代王惟儉的《史通訓詁》、清代黄叔琳的《史通訓詁補》以及浦起龍的《史通通釋》等。浦起龍的《史通通釋》，將王惟儉本、郭孔延本及黄叔琳本等疏而彙之，除校訂刊訛外，還采用釋、按、證釋、證按、加釋、雜按六種形式進行評釋，成爲後來廣泛流傳的注釋版本，但其正文仍不脱張之象本。

此次影印之底本，是國家圖書館藏明萬曆五年張之象刻本。此本迭經名家收藏，内有清何焯批校并跋又録清馮舒評語，清顧廣圻跋，鄧邦述跋，鈐有『顧苓之印』『雲美』『謙齋』『陳中鑒』『尹從之印』『漢陽葉名澧潤臣甫印』『正闇審定』『傅增湘印』『江安傅增湘沅叔珍藏』『藏園』『江安傅氏藏園鑒定書籍之記』『雙鑒樓藏書印』等數十方印章。

傅增湘在其《藏園群書經眼録》中曾記載了此書，是其壬子年花八十元購得的盛昱鬱華閣藏書。傅增湘生前向北平圖書館捐贈善本古籍三百七十三種（四千三百餘册一萬六千餘卷），他去世後，其家人恪遵遺命，將『雙鑒樓』所珍藏的善本圖書和手校之書四百八十種（三千五百册）捐獻給北京圖書館（今國家圖書館）。此書極有可能是傅氏捐贈之書，但并未查到詳細記載。

今我社將此本影印出版，并請瞿林東先生爲之作序，以饗讀者。

國家圖書館出版社

二〇一九年一月

序言

中國古代史學歷來有開展批評、重視理論的傳統，唐代史學家劉知幾撰寫的《史通》一書，即是這方面較早的代表作。

劉知幾（六六一——七二一），唐徐州彭城（今江蘇徐州）人，字子玄。睿宗時，因避太子李隆基音讀之諱，故以字行。少年喜《春秋左氏傳》，受家學之教，『通覽群史』，『與兄知柔俱以善文詞知名』，二十歲舉進士，被授以獲嘉縣（今河南新鄉西南部）主簿（典理文書、辦理事務之官）。劉知幾自武則天長安年間（七〇一——七〇四）至唐玄宗開元年間歷任史職近二十年，參與《唐書》《則天實録》《中宗實録》《睿宗實録》以及《姓族系録》的修撰，并自著《劉氏家史》《劉氏譜考》《史通》等書。

一九六一年，中華書局影印出版明張之象刻本《史通》，但發行量不多，現在較難見到。時隔半個多世紀，國家圖書館出版社爲滿足有關研究者和廣大讀者的需要，計劃影印明張之象刻本，并保留原書之批校、題跋，同時對《史通》版本流傳情況作了簡要説明，足資參考（見《出版説明》)。這裏,僅就劉知幾的史學貢獻、《史通》一書的性質,以及《史通》讀法,談一點淺見,供讀者參考。

一

劉知幾任職史館期間,在理論上和撰述上有三件事情對後世史學發展産生了很大影響。

第一,揭示當時史館修史之弊,并把這種弊端概括爲『五不可』。唐中宗景龍年間(七〇七—七一〇),朝廷要員韋巨源、紀處訥、楊再思、宗楚客、蕭至忠共同監修國史,均可直接干預修史,成爲『國史之弊』,具體表現爲: 一是『著述無主,條章靡之』,『故首白可期,而汗青無日』; 二是材料不足,『史臣編録,唯自詢采』; 三是實録、直書則『見讎貴族』,『人之情也,能無畏乎』; 四是『十羊九牧,其令難行; 一國三公,適從何在』; 五是『監之者既不指授,修之者又無遵奉』,『坐變炎涼,徒延歲月』。因有五弊的存在,致使史館修史困難重重。劉知幾針對蕭至忠的『著述無課』的指責,上書蕭至忠揭露史館弊端并『求罷史任』。劉知幾的這種做法,自然會獲罪於某些權貴,但蕭至忠『惜其才,不許解史職』。

需要指出的是,劉知幾所揭示的史館修史之弊,是指他任職時的遭際,并非史館修史必然存在這些弊端。自唐太宗貞觀三年(六二九)設立史館修史起,歷代史館修史大都發揮了積極作用,不能因劉知幾對武則天、唐中宗時期史館修史的混亂無序的批評而否定史館的作用。

第二，回答鄭惟忠『自古已來，文士多而史才少』之問，提出『史才三長』之論，成爲千古名對。《舊唐書·劉子玄傳》記載了這一歷史瞬間：

子玄掌知國史，首尾二十餘年，多所撰述，甚爲當時所稱。禮部尚書鄭惟忠嘗問子玄曰：『自古已來，文士多而史才少，何也？』對曰：『史才須有三長，世無其人，故史才少也。三長：謂才也，學也，識也。夫有學而無才，亦猶有良田百頃，黄金滿籯，而使愚者營生，終不能致於貨殖者矣。如有才而無學，亦猶思兼匠石，巧若公輸，而家無楩柟斧斤，終不果成其宫室者矣。猶須好是正直，善惡必書，使驕主賊臣，所以知懼，此則爲虎傅翼，善無可加，所向無敵者矣。脱苟非其才，不可叨居史任。自夐古已來，能應斯目者，罕見其人。』時人以爲知言。

這一記載表明，劉知幾雖對史館修史提出尖鋭的批評，但他本人在史館的撰述活動却『爲當時所稱』。這是上述問對之所以出現的學術基礎。

至於劉知幾的答鄭惟忠之問，起首幾句話，講得明白而果斷，没有任何商討的口氣，即『史才須有三長……三長：謂才也，學也，識也』。僅就這十五個字的理論價值而言，劉知幾在中國史學史上，足以不朽矣！這是因爲：在劉知幾身後一千多年來，直至今日，凡論史家修養者，無人不言『史才三長』。劉知幾答鄭惟忠問的其餘大部分文字，是用形象的比喻説明才、學、識的含義及其相互關係，其中包含著樸素的辯證思想。這在當時，或許是更易於爲人們所理解的表述方式。

第三，撰述第一部有系統的史學理論著作《史通》。《舊唐書·劉子玄傳》稱：劉知幾『自幼及長，述作不倦，朝有論著，必居其職。預修《三教珠英》《文館詞林》《姓族系録》，論《孝經》非鄭玄注、《老子》無河上公注，修《唐書實録》，皆行於代，有集三十卷』。專書與文集多已散佚，尚存者衹有《史通》一書和少許佚文(二)。

對於《史通》，兩《唐書》作者的看法多有歧异。《舊唐書·劉子玄傳》記：『時知幾又著《史

(二)按：楊翼驤先生曾作細緻考察，關於劉知幾的著作，『我們現在所能看到的，除《史通》一書外，衹有幾篇文章、三篇賦和一首詩了，兹分列於下：論時政得失的表文——即《舊唐書》本傳所稱「知幾上表陳四事」。分別載於《唐會要》卷四〇、卷六七、卷六八及卷八一，又載《全唐文》卷二七四。《思慎賦(并序)》《韋弦賦》《京兆試慎所好賦》——這三篇賦均載《文苑英華》卷九二《人事門》三、《全唐文》卷二七四。《衣冠乘馬議》——載《舊唐書》本傳，又載《唐文萃》卷四〇(名《朝服乘車議》)、《文苑英華》卷七六六、《全唐文》卷二七四。《昭成皇太后哀册文》——《文苑英華》卷八三七、《全唐文》卷二七四。《孝經老子注易傳議》——載《唐會要》卷七七、《文苑英華》卷七六六、《全唐文》卷二七四。《重論孝經老子注議》——載《全唐文》卷二七四。《儀坤廟樂章》——載《全唐詩》卷九四』(《劉知幾與〈史通〉》，載《歷史教學》一九六三年第七期)。

通子》二十卷，備論史策之體。太子右庶子徐堅深重其書，嘗云：「居史職者，宜置此書於座右。」』《新唐書·劉子玄傳》則稱：劉知幾『自以爲見用於時而志不遂，乃著《史通》內外四十九篇，譏評今古。徐堅讀之，嘆曰：「爲史氏者宜置此坐右也。」』進而於傳末發論道：『何知幾以來，工訶古人而拙於用己歟！』從『備論史學之體』到『譏評今古』以至於『工訶古人』，反映了不同時代人們不同的評價。這種情況，在學術史上是常見的現象，而問題在於：哪一種觀點或看法，能經得起歷史的檢驗。

一九六一年，是劉知幾誕生一千三百周年，爲了紀念歷史上這位杰出的史學家，當代史學名家和思想家侯外廬、翦伯贊、白壽彝、任繼愈、楊翼驤、盧南喬等先後撰文，闡發其學術思想、批判精神和史學貢獻，而《史通》自是評論的重點。

翦伯贊指出：『自司馬遷而後，迄於唐代，在歷史學方法論上，有新的發明者，唯劉知幾一人而已。』又說：《史通》『這部書，是劉知幾的史學創作，也是中國史學史上第一部歷史方法論的巨著』（《論劉知幾的史學》，載吳澤主編《中國史學史論集》（二），上海人民出版社，一九八〇年版）。白壽彝認爲：『總的來說，《史通》的撰作，在於「以史爲主」而闡明治史的通識。這就在理論上和方法上具有著哲學研尋的精神。』（《劉知幾的史學》，同上）以上翦、白二文，著重指出《史通》在理論、方法論上的價值。

楊翼驤認爲：『《史通》是一部評論史學的專著，所評論的中心在於歷史編纂學。劉知幾撰爲此書，在史學史上可説是獨樹一幟的創作，對後來的研究和編纂工作大有裨益。直到現在，這部在一千二百五十多年前寫成的《史通》仍爲我們所重視，認爲是我國寶貴的史學遺産。』（《劉知幾與〈史通〉》，同上）盧南喬也認爲：『今日看來，劉知幾的《史通》總結了在他以前史學的發展，奠立中國史學批評的基礎，和在文學領域中的劉勰《文心雕龍》之總結了在他以前文學的發展，奠立了中國文學批評的基礎，同樣是值得珍視的。需要我們從多方面深入地發掘下去，探討下去。』（《劉知幾的史學思想和他對於傳統正統史學的鬥争》，同上）上述楊、盧二文，是著重從史學評論、史學批評領域來判斷《史通》的史學價值和歷史影響的。

綜上，誠如侯外廬所概括的那樣：劉知幾的『這些進步思想將永遠成爲我們民族的精神財富，人類文化的珍寶』（《論劉知幾的學術思想》，同上）。可以這樣説，史學前輩對《史通》的分析和評論，是我們認識、研究《史通》的新的起點。

二

由上文所述，可知《史通》内容豐富，史學批評和理論、方法論特質鮮明，且精於歷史編纂之歷史、流别及問題的分析。我們今天認識《史通》、研究《史通》，大致可以循著這樣的路徑作進一步的深入探索。這就是説，我們可以從不同的視角來觀察它、分析它、研究它。

首先，可以認爲，《史通》是一部史學批評著作。這是因爲，《史通》的史學批評特質尤爲鮮明。這主要表現在：

——劉知幾具有突出的史學批評意識。這種意識的形成和强化有三個原因：一則是主觀的積纍，即『自小觀書，喜談名理』，『流俗之士，難與之言，凡有异同，蓄諸方寸』(《史通·自叙》，下引祇注篇名)。二則是客觀環境的推動，上文所論『五不可』，主要著眼於制度層面；更重要的是思想層面，即『若《史通》之爲書也，蓋傷當時載筆之士，其道不純，思欲辨其指歸，殫其體統』，『雖任當其職，而吾道不行；見用於時，而美志不遂。鬱怏孤憤，無以寄懷。必寢而不言，嘿而無述，又恐殁世之後，誰知予者。故退而私撰《史通》，以見其志。』(《自叙》)認清楚劉知幾史學批評意識的形成和强化，是看待、研究《史通》的關鍵所在。三則是學術傳統的影響，如劉知幾在《自叙》篇中講到，《史通》一書『多譏往哲，喜述前非』；又説自『《法言》已降，迄於《文心》而往，以納諸胸中』云云。清人浦起龍解釋説，『此節隱括諸書與《史通》相爲吐納，托出著述本領』，是符合劉知幾本意的。尤其是劉勰《文心雕龍》對《史通》的影響，不論是撰述主旨還是著作形式都極爲明顯。

——劉知幾關於史書淵源、流别及外部形態的批評。《史通》中的《六家》《二體》和《雜述》是這方面的主要篇目，《六家》《雜述》講史書淵源、流別，《二體》講史書的外部主要表現形態，即編年體、紀傳體。

——劉知幾關於史書（尤其是紀傳體史書）的內部結構即史書體例的批評。從卷二的《本紀》篇至卷三、卷四，是這方面的主要內容。

——劉知幾關於史家著述之文獻采擷、歷史叙事、文字表述等方面的批評。這主要見於《史通》卷五、卷六、卷八、卷九的論述。

——劉知幾關於作史原則、史家氣質與社會責任的批評。《史通》卷七與卷十中的《辨職》《自叙》等篇對此有精闢的論述，尤其是卷七中的《直書》《曲筆》兩篇，在强烈的對比中反映出中國史學固有的正氣。

劉知幾的史學批評特質主要見於上述《史通》內篇十卷；其外篇十卷，前兩卷論述史官制度和『正史』撰述史，末卷名爲《忤時》，收劉知幾與蕭至忠書，陳述當時史館之弊，以致修史成爲『五不可』。此篇與內篇卷十中《自叙》相照應，反映出作者當時的遭際，也可以説是劉知幾對當時史館現狀的批評。外篇中的其餘各篇是雜論前史得失，而《疑古》《惑經》兩篇則凸顯出劉知幾對儒家經典的批判精神。

其次，可以認爲，《史通》也是一部史學理論著作。史學批評的展開，往往引發出理論問題或包含著理論問題的因素；而理論一旦形成，又往往促進史學批評的發展。它們之間存在著辯證的關係。我們之所以説《史通》也是一部史學理論著作，正是因爲它在史學批評中包含著一些理論問題或理論問題的因素；反之，因爲理論問題或理論問題因素的存在，它的史學批評纔更顯得深刻。那麽，《史通》提出了哪些理論問題呢？

——關於史學社會功能問題。劉知幾在《史官建置》篇寫道：

> 苟史官不絶，竹帛長存，則其人已亡，杳成空寂，而其事如在，皎同星漢。用使後之學者，坐披囊篋，而神交萬古；不出户庭，而窮覽千載。見賢而思齊，見不賢而内自省。若乃《春秋》成而逆子懼，南史至而賊臣書，其記事載言也則如彼，其勸善懲惡也又如此。由斯而言，則史之爲用，其利甚博，乃生人之急務，爲國家之要道。有國有家者，其可缺之哉！

這是從史官的重要性講到『史之爲用』的不可缺少。這是中國史學上第一次從民衆的層面和國家的層面，提出史學『其利甚博』的作用。而史學之所以有如此重要的作用，是因爲有史官和史官的記載不絶於世，從而爲整個社會保存了歷史記憶，使人們得以認識歷史并通過史書從歷史中總結經驗教訓，爲當前的歷史進程提供借鑒。

——關於史家的作史原則與社會職責問題。劉知幾指出，正直的史家應恪守『君子之德』，做到『其叙述當時，亦務在審實』，敢於『仗氣直書，不避强禦』，『肆情奮筆，無所阿容』，以達到『史之爲務，申以勸誡，樹之風聲』的目的（《直書》）。他提出史家應具有或追求的三種境界，即：『彰善貶惡，不避强禦』，『編次勒成，鬱爲不朽』，『高才博學，名重一時』，『苟三者并闕，復何爲者哉？』同時他針對當時史館修史的亂象，明確指出：『深識之士，知其若斯，退居清凈，杜門不出，成其一家，獨斷而已。』（《辨職》）這些論述與其『史才三長』説相結合，可謂之系統的史家修養論。

——關於歷史編纂的理論、方法問題。《史通》卷二至卷六的許多篇目，都是論述歷史編纂（尤其是紀傳體史書的編纂）問題，諸如史書外部表現形態及其特點；史書内部結構，包括標目設置，歷史斷限；他如撰述内容，史料采擇，叙事原則，文字表述等。這是中國史學史上最早的歷史編纂體系的學説。

——關於史學審美問題。劉知幾指出：『史之稱美者，以叙事爲先。』『國史之美者，以叙事爲工。』（《叙事》）他概括歷史叙事的四種風格：『有直紀其才行者，有唯書其事迹者，有因言語而可知者，有假贊論而自見者。』他總結前人在叙事方面的得失，認爲值得借鑒的經驗一是『以簡要爲主』，二是『用晦之道』。這是中國史學上首次提出史學審美的觀念及審美的標準，聯繫劉知幾在《自叙》篇中説的『見用於時，而美志不遂』，表明他對史學審美有很高的期待。

——關於史學批評的方法論。劉知幾《史通》以史學批評見長，故在方法論上多有理論色彩，而辯證地看待批評對象是其主要特色。一是對批評作全面看待，指出：『蓋明鏡之照物也，妍媸必露』，『虛空之傳響也，清濁必聞』，『夫史官執簡，宜類於斯。苟愛而知其醜，憎而知其善，善惡必書，斯爲實録。』（《惑經》）劉知幾以通俗比喻説明史官全面看待史實的必要性。二是對前人撰述，不應盲從，指出：『蓋明月之珠不能無瑕，夜光之璧不能無類，故作者著書，或有病累，而後生不能詆訶其過，又更文飾其非，遂推而廣之，强爲其説者，蓋亦多矣。』（《探賾》）這是强調要全面看待前人在批評方面的成就與不足。三是對於批評對象之批評所得到的結論，不可作絶對的看待，這是因爲『物有恒準，而鑒無定識，欲求銓核得中，其惟千載一遇乎！』（《鑒識》）這是説明對於同一事物的批評，總會有不同的結論，因此，不應把其中一種結論作絶對的看待，等等。這些都反映了劉知幾史學批評方法論的辯證色彩。

《史通》作爲史學理論著作提出的問題當不止上面提到的這些，而提到的這些問題，當是比較重要的理論問題。

第三，《史通》作爲史學批評著作或史學理論著作，都是在史學發展的進程中展開的，這在《史通》一書中表現得十分鮮明。從這個意義上説，我們也可以把《史通》作爲一部史學史著作看待和研究。

《史通》内篇開篇寫道：『自古帝王編述文籍，外篇言之備矣。』（《六家》）這是指《古今正史》篇而言，即史學發展的主流趨勢。上文所論《六家》《二體》《雜述》等篇，是論述史學淵源、流别。外篇的首篇《史官建置》是講史館、史官制度。以上數篇大致上反映了史學發展的脉絡，可以作爲史學史的基本面貌看待、研究。尤其是初讀《史通》的朋友，不妨從這裏起步。

三

依上文所説，可以從不同的視角來看待、研究《史通》，那麽，史學工作者尤其是青年史學工作者以及史學愛好者怎樣閲讀、研究《史通》呢？在這裏，首先要説明的是，讀書之法，人各不同，難得有一個統一的或一致遵循的方法。下面提出的幾種閲讀方法，僅供對《史通》有興趣的讀者參考。

第一種方法：著眼於編次，依其内容次第逐一閲讀。古人著書，常有内篇、外篇之分。一般説來内篇的内容比較重要，《史通》也是這樣：如内篇十卷，其中前四卷，講史書體裁及主要體例；第五、六兩卷，講史料運用的原則和歷史叙事的要求；第七、八兩卷，講史家鑒識和史學批評的標準；第九、十兩卷，講該書撰述宗旨、史家貢獻及有關雜論。外篇十卷，除著重論述史官制度和正史源流外，主要是對前史的批評、質疑，顯示出作者的批判精神。這種閲讀、研究的方法，目的在於從宏觀上掌握《史通》全書的内容和思想，從而對《史通》有一個整體的認識。

第二種方法：著眼於把握各篇的主題，依篇目次第一一閲讀，擬作篇目主題。這種方法，力求用簡要、確切的語言對每篇的主旨作出概括。在一定的意義上，這比宏觀把握全書内容的閲讀有更多的難處，但這種方法如果使用得當，其收穫是深刻的和難忘的。這裏，爲了説明問題，我們不妨試舉幾例。如《史通》内篇有《品藻》篇，從字面上看不容易明白，待仔細閲讀全篇，可知它是著重講撰寫史書如何處理人物的類聚、連類的問題，於是我們可以在篇目『品藻』之下寫這樣一句話，即『本篇論史書寫歷史人物之類聚法或連類法的得失』。如果這樣理解不錯的話，當你再讀《品藻》篇時，就很容易理解本篇的主旨，也比較容易記憶了。又如在《探賾》篇下面，我們是否可以寫這樣一句話：『本篇講知人論世，是關於史學批評的方法。』在《摸擬》篇篇目之下，可以寫『本篇講學術繼承、發展問題』，等等。這種閲讀、研究方法，看似簡單，但做起來并不容易，它要求讀者儘可能準確地把握有關專篇的主旨或主題，從而做到真正有所理解。當然，祇要讀者肯下功夫，這種方法説難也不難，關鍵在於閲讀者是否認真思考，而且有毅力、有决心。

第三種方法：著眼於邏輯的思考，依今人對研究歷史的認識邏輯來把握《史通》的内容及其内在的理路。如《史通》以《六家》《二體》開篇，以史書的内容和形式闡述史學的起源；以《史官建置》《古今正史》勾勒史學發展大勢，以《雜述》補充《六家》《二體》所論，概括史學的多途發展面貌。這五篇，是對史學發展之歷史的清理，如果我們以此與《隋書·經籍志》史部結合閲讀，或許會有一種比較研究上的收穫。

又如《載言》《本紀》《世家》《列傳》《表曆》《書志》《論贊》《序例》《題目》《斷限》《編次》《稱謂》《序傳》等篇，是關於史書表現形式的理論，而以紀傳體史書的結構、體例爲主要討論對象。讀後，可以從理論上進一步認識紀傳體史書的局部與整體的關係。

再如《史通》的《采撰》《載文》《補注》《因習》《邑里》《言語》《浮詞》《叙事》《核才》《煩省》等篇，是關於文獻利用、史書編撰方法和文字表述要求的理論。這裏講到有關史書撰寫中的一些技術方面的問題，至今仍有參考價值，而『叙事』問題的提出，表明中國史學對此有久遠的傳統，這對當前關於『叙事』的研究具有借鑒意義。

他如《品藻》《直書》《曲筆》《鑒識》《探賾》《摸擬》《書事》《人物》等篇，是關於歷史認識和撰述原則的理論。

此外，《辨職》《自叙》《忤時》三篇，是闡説作者的學術經歷、撰述旨趣和對史學社會功用的認識。《點煩》是對《叙事》的補充。外篇中的其餘各篇，雜評前史得失，是列舉更多的實例以證上述各方面問題的理論。這種方法，是把讀者的研究、撰述工作同《史通》的論述結合起來，進而在繼承中有所創新的一種途徑。

順便説説，如果從史學批評的對象和範圍來看待《史通》，我們也可以從這幾個方面去把握《史通》全書，即關於史書内容、史書撰述方法、史書體裁體例、史書文字表述、史家撰述原則、史學社會功用等。

《史通》是歷史專業『看家』的書，介紹這幾種閱讀、研究方法，旨在建議讀者根據自身的情況，選擇一種閱讀、研究方法，真正把這個『看家』的書學到手。

清代史學家章學誠所著《文史通義》有多處論及《史通》一書，可以參考。其《外篇二》中有《讀史通》專文一篇，以批評劉知幾評論沈約和裴子野之不當而展開，尤其在怎樣慎重對待前人言論的本意及其語境方面，極有啓發意義。章學誠還明確申言：『吾於史學，蓋有天授，自信發凡起例，多爲後世開山，而人乃擬吾於劉知幾。不知劉言史法，吾言史意；劉言館局纂修，吾議一家著述，截然兩途，不相入也。』章學誠以『史法』與『史意』來表明他同劉知幾的治史宗旨、學術傾向不同，所言甚是。但『史法』與『史意』似難以截然分開，劉知幾因擅言史書體裁、體例，從而使他的許多精闢論述掩蓋了他涉及史意的一面；章學誠長於論『史意』，并不表明他不言『史法』，祇是二者各具特色罷了。

任何事物都不是十全十美的。《史通》有許多精闢論斷，但也存一些可議之處。我曾就《史通》在論述紀傳體史書體例時的一些不妥當的提法提出批評，題爲《讀〈史通〉札記》，指出他的歷史見識的缺陷，以及他對體例的絶對化看待致使以體例來剪裁歷史的傾向（見《史學史研究》一九八二年第二期）。

《史通》問世後，隨著時間的推移，後人閲讀《史通》遇到一些困難，一是此書用駢儷文寫成，二是此書用典太多。明人郭孔延作《史通評釋》、王惟儉作《史通訓故》，清人黄叔琳作《史通訓故補》，分别對《史通》作了注釋并有所評論。上海古籍出版社於二〇〇六年出版了以上三書的影印本，合爲一册，查閲方便。清人浦起龍在前人評釋的基礎上作《史通通釋》，較爲完備。一九七八年，上海古籍出版社出版了王煦華先生點校的《史通通釋》，流傳了三十年之久；二〇〇九年，又有修訂本面世，方便學人甚多。人們閲讀、研究《史通》，以上四書均可參考，尤以浦起龍的通釋本最爲重要。

瞿林東

二〇一八年十二月

總目録

第一册

第二册

第一册目録

據國家圖書館藏明萬曆五年張之象刻本影印原書版框高十九點二厘米寬十四點四厘米

此為藝華閣盛氏舊藏 沅林同年新從京師得之
何氏凡閱三四次批校精詳毫髮無憾沅林嗜古之癖
略與余同而鑒賞精審藏弆美富亦由勤於搜討之故
非余所能及也余在吳門得一本乃郭孔延刻本亦稱義門
手校丹黃精好愛不忍釋今取與此對看兩本如一其中
稍有異同則一為張之象本一為郭孔延本字句間有差謬
余所藏乃碻從此本是正者檢此書第七卷後義門康熙癸巳
曾見郭氏刊本安知非即余所藏者耶余又得顧千里校本
亦頗推尊義門獨云曲筆鑒識二篇並無錯簡與義門之言不
合今閱此本亦有澗蘋一跋益知澗蘋之學真何氏諍友也
壬子盛夏校畢因舉諸本同異以告沅林 正闇居士鄧邦述書

史通序

史通者唐劉子玄知幾所撰也以漢求司馬遷後封為史通子兼取白虎通之義命曰史通蓋知幾所自定若此知幾當長安神龍間三為史官頗不得志憤懣悄悒數欲求退其與蕭至忠

等諸官書是已既而以前代史
書序其體法因習廢置掇其述
作深淺曲直分內外篇著為評
議備載史策之要剖擊愜當證
據詳博獲麟以後罕覯是書當
時徐堅重之云居史職者宜置
座右玄宗朝詔其家錄進上讀

而善之其書遂盛行於世歷歲滋久寖就散逸宋儒朱晦翁猶以未獲見史通爲恨逮我
明嘉靖間吾鄉儼山先生陸文裕公始購得史通鈔本及他刻本采撰會要多所闡明已而是正翻梓川蜀猶自謂譌舛尚多

惜無別本可校先輩之究意史
學勤且篤矣是知求古書殘缺
之餘於千載散亡之後豈不甚
難而不可不慎也邇吳興凌子
遇知纂刻史記評林曾不研審
往往自用至以知幾為宋人夫
知幾姓氏初非奧僻名著唐室

炯如日星今古仰之世尚有不
知其人者嗟乎其人且不知又
安知史通何書哉及覽龜策傳
首列評語則題曰槐野王公而
不知史通固已具載也筆自知
幾鑿鑿難掩錯謬如斯餘可例
見疑誤後學孰執其咎為惋悵

者久之偶梁溪友人秦中翰汝
立視予家藏宋刻本字整句暢
大滕蜀刻儼山先生所未及覩
者小子何幸覯此秘籍披閱撫
玩良慰素心乃相與銓訂尋討
指歸將圖不朽復與郡中諸賢
雋徐君虞卿馮君美卿等參合

衆本冊鉛點勘大較以宋本為正餘義通者仍兩存之反覆折衷始明瀏可讀庶無遺憾斯文之寄屬在何人不與廣傳恐遂廢沒於是乃倡義捐貲鏤板流布非敢自秘與世之知知幾者共欣賞焉知幾昔嘗以史通自

擬太玄且云今之君山即徐朱等數君是也後來張陸則未之知耳張者謂張衡平子也陸者謂陸績公紀也儼山先生大雅博達以文章名世於公紀何讓乎予小子單陋踈薄雖不敢望平子但史通繼刻無忸前脩而

張陸二姓適與知幾之言合殆
亦有異數云

萬曆五年歲次丁丑夏五月既
望碧山外史雲間張之象撰

史通序錄

唐鳳閣舍人彭城劉子玄撰

長安二年余以著作佐郎兼修國史尋遷左史於門下撰起居注會轉中書舍人暫停史任俄兼領其職今上即位除著作郎太子中允率更令其修史皆如故又屬大駕還京以留後在都無幾驛徵入京專知史事仍遷秘書少監自惟歷事二主從宦兩京遍居司籍之曹久處載言之職昔馬融三入東觀漢代稱榮張華再典史官晉朝稱美嗟予小子兼而有之是用職思其憂不遑啓處嘗以載

徐晉寫 陸本刻

除所闕篇凡八萬二千三百五十二字注五千四百九十八字

削餘暇商榷史篇下筆不休遂盈筐篋於是區分類聚編而次之昔漢世諸儒集論經傳定之於白虎閣因名曰白虎通予既在史館而成此書故便以史通爲目且漢求司馬遷後封爲史通子是知史之稱通其來曰久博采衆議爰定兹名凡爲廿卷列之如左合若干言于時歲次庚戌景龍四年仲春之月也

史通序錄終

自

訂正史通名氏

張之象字玄超　秦柱字汝立

校閱史通名氏

徐球字虞卿　馮繼可字美卿

沈其初字復卿　朱本震字伯聲

姚體勤字汝功　姚體文字汝觀

陸鄉字承道　龔名夏字[redacted]

張嘉昌字文茂　包兆祥字吉甫

張雲輅字九游　唐文獻字元徵

張齊顏字友回　黃廷鳳字元禎

瞿守字有常　何雍之字曇熈

顧令德字憲卿　顧令望字景卿

唐光貽字爾穀　姚士念字邦聖

史通目錄

內篇

史通目錄　一

章邦刻

史通目錄畢

史通卷第一

唐鳳閣舍人彭城劉子玄撰

内篇

六家第一

自古帝王編述文籍外篇言之備矣古往今來質文遞變諸史之作不恒厥體榷而爲論其流有六一曰尚書家二曰春秋家三曰左傳家四曰國語家五曰史記家六曰漢書家今略陳其義列之於後

尚書家者其先出於太古易曰河出圖洛出書聖

徐普寫　袁宸刻

人則之故知書之所起遠矣至孔子觀書於周室得虞夏商周四代之典乃刪其善者定爲尚書百篇孔安國曰以其上古之書謂之尚書尚書琁璣鈐曰尚者上也上天垂文以布節度如天行也王肅曰上所言下爲史所書故曰尚書也惟此三說其義不同蓋書之所主本於號令所以宣王道之正義發話言於臣下故其所載皆典謨訓誥誓命之文至如堯舜二典直序人事禹貢一篇惟言地理洪範總述灾祥顧命都陳喪禮茲亦爲例不純者也又有尚書者與尚書相類即孔氏刊約百篇

河汾續書殆本諸此

之外凡爲七十二章上自文武下終靈景甚有明允篤誠典雅高義時亦有淺末恒說滓穢相參殆似後之好事者所增益也至若職方之言與周官無異時訓之說比月令多同斯百王之正書五經之別錄者也自宗周既殞書體遂廢迄乎漢魏無能繼者至晉廣陵相魯國孔衍以爲國史所以表言行昭法式至於人理常事不足備列乃刪漢魏諸史取其美詞典言足爲龜鏡者定以篇第纂成一家由是有漢尚書後漢尚書漢魏尚書凡爲二十六卷至隋秘書監太原王劭又錄開皇仁壽時

事編而次之以類相從各爲其目勒成隋書八十卷尋其義例皆準尚書原夫尚書之所記也若君臣相對詞旨可稱則一時之言累篇咸載如言無足紀語無可述若此故事雖脫略而觀者不以爲非爰逮中葉文籍大備必翦截今文模擬古法事非改轍理涉守株故兗舒所撰漢魏等篇不行於代也若乃帝王無紀公卿缺傳則年月失序爵里難詳斯並昔之所忽而今之所要如君懋隋書雖欲祖述商周憲章虞夏觀其體制乃似孔氏家語臨川世說可謂畫虎不成反類犬也故其書受嗤

當代良有以焉

春秋家者其先出於三代按汲冢瑣語記太丁時事目爲夏殷春秋孔子曰疏通知遠書之教也屬辭比事春秋之教也知春秋始作與尚書同時瑣語又有晉春秋記獻公十七年事國語云晉羊舌肸習於春秋悼公使傅其太子左傳昭二年晉韓宣子來聘見魯春秋曰周禮盡在魯矣斯則春秋之目事匪一家至於隱没無聞者不可勝載又按竹書紀年其所記事皆與魯春秋同孟子曰晉謂之乘楚謂之檮杌而魯謂之春秋其實一也然則

乘與紀年檮杌其皆春秋之別名者乎故墨子曰吾見百國春秋蓋皆指此也逮仲尼之脩春秋也乃觀周禮之舊法遵魯史之遺文據行事仍人道就敗以明罰因興以立功假日月而定歷數藉朝聘而正禮樂微婉其說隱晦其文爲不刊之言著將來之法故能彌歷千載而其書獨行又按儒者之說春秋也以事繫日以日繫月言春以包夏舉秋以兼冬年有四時故錯舉以爲所記之名也苟如是則晏子虞卿呂氏陸賈其書篇第本無年月而亦謂之春秋蓋有異於此者也至太史公著史

記始以天子爲本紀考其宗旨如昔春秋自是爲國史者皆用斯法然時移世異體式不同其所書之事也皆言罕褒諱事無黜陟故馬遷所謂整齊故事耳安得比於春秋哉

左傳家者其先出於左丘明孔子既著春秋而丘明授經作傳蓋傳者轉也轉受經旨以授後人或曰傳者傳也（上傳去聲 下傳平聲）所以傳示來世案孔安國注尚書亦謂之傳斯則傳者亦訓釋之義乎觀左傳之釋經也言見經文而事詳傳內或傳無而經有或經闕而傳存其言簡而要其事詳而博信聖

人之羽翮而述者之冠冕也逮孔子云沒經傳不作于時文籍唯有戰國策及太史公書而已至晉著作郎魯國樂資乃追采二史撰爲春秋後傳其書始以周貞王續前傳魯哀公後至王赧入秦又以秦文王之繼周終於二世之滅合成三十卷當漢代史書以遷固爲主而紀傳互出表志相重於文爲煩頗難周覽至孝獻帝始命荀悅撮其書爲編年體依附左傳著漢紀三十篇自是每代國史皆有斯作起自後漢至於高齊如張璠孫盛干寶徐賈裴子野吳均何之元王劭等其所著書或謂

漏唐國

之春秋或謂之紀或謂之略或謂之典或謂之志雖名各異大抵皆依左傳以爲的準焉

國語家者其先亦出於左丘明既爲春秋内傳又稽其逸文纂其別說分周魯齊晉鄭楚吴越八國事起自周穆王終於魯悼公列爲春秋外傳國語合爲二十一篇其文以方内傳或重出而小異然自古名儒賈逵王肅虞翻韋耀之徒並申以注釋治其章句此亦六經之流三傳之亞也暨縱横互起力戰爭雄秦兼天下而著戰國策其篇有東西二周秦齊燕楚三晉宋衛中山合十二國分爲三

十三卷夫謂之策者蓋錄而不序故即簡以爲名或云漢代劉向以戰國游士爲策謀因謂之戰國策至孔衍又以戰國策所書未爲盡善乃引太史公所記參其異同刪彼二家聚爲一錄號爲春秋後語除二周及宋衛中山其所留者七國而已始自秦孝公終於楚漢之際比於春秋亦盡二百四十餘年行事始衍撰春秋時國語復撰春秋後語勒成二書各爲十卷今行於世者唯後語存焉按其書序云雖左氏莫能加世人皆尤其不量力不度德尋衍之此義自比於丘明者當謂國語非春

之

秋傳也必方以類聚豈多嗤乎當漢氏失馭英雄角力司馬彪又錄其行事因爲九州春秋州爲一篇合爲九卷尋其體統亦近代之國語也自魏都許洛二方鼎峙晉宅江淮四海幅裂其君雖號同王者而地實諸侯所在史官記其國事爲紀傳者則規模班馬創編年者則議擬荀袁爲是史漢之體大行而國語之風替矣

史記家者其先出於司馬遷自五經間行百家競列事跡錯糅前後乖舛至遷乃鳩集國史採訪家乘上起黄帝下窮漢武紀傳以統君臣書表以譜

於

鄭樵通志仿通史之例而作

年爵合百三十卷因魯史舊名目之曰史記自是漢世史官所續皆以史記爲名迄乎東京著書猶稱漢紀至梁武帝又勑其羣臣上自太初下終齊室撰成通史六百二十卷其書自秦以上皆以史記爲本而別採他說以廣異聞至兩漢已還則全錄當時紀傳而上下通達臭味相依又吳蜀二主皆入世家五胡及拓拔氏列於夷狄傳大抵其體皆如史記其所爲異者唯無表而已其後元魏濟陰王暉業又著科錄二百七十卷其斷限亦起自上古而終於宋年其編次多依倣通史而取其行

目名　世　已

事尤相似者共爲一科故以科録爲號皇家顯慶中符璽郎隴西李延壽抄撮近代諸史南起自宋終於陳北始自魏卒於隋合一百八十篇號曰南北史其君臣流例紀傳羣分皆以類從各附於本國凡此諸作皆史記之流也尋史記疆宇遼闊年月遐長而分以紀傳散以書表每論家國一政而胡越相懸叙君臣一時而參商是隔此爲其體之失者也兼其所載多聚舊記時插雜言（謂採世本國語國策等）故使覽之者事罕異聞而語饒重出此撰録之煩者也況通史以降蕪累尤深遂使學者寧習本

章扞刻

相

書而怠窺新錄且撰次無幾而殘缺遂多可謂勞
而無功述者所宜深誡也
漢書家者其先出於班固馬遷撰史記終於今上
自太初已下闕而不錄班彪因之演成後記以續
前篇至子固乃斷自高祖盡于王莽爲十二紀十
志八表七十列傳勒成一史目爲漢書昔虞夏之
典商周之誥孔氏所撰皆謂之書夫以書爲名亦
稽古之偉稱尋其創造皆準子長但不爲世家改
書曰志而已自東漢已後作者相仍皆襲其名號
無所變革唯東觀曰記三國曰志然稱謂雖別而

三百七十五字

遽

體制皆同歷觀自古史之所載也尚書紀周事終秦繆春秋述魯文止哀公紀年下逮於魏亡史記唯論於漢始如漢書者究西都之首末窮劉氏之廢興包舉一代撰成一書言皆精練事甚該密故學者尋討易爲其功自爾迄今無改斯道於是考茲六家商榷千載蓋史之流品亦窮之於此矣而朴散淳銷時移世異尚書等四家其體久廢所可祖述者唯左氏及漢書二家而已

鈔本作定公疑作定哀

家

中書舍人徐球校

史通卷之一

史通卷之二

唐鳳閣舍人彭城劉子玄撰

内篇

二體第二

三五之代書有典墳悠哉邈矣不可得而詳自唐虞已下迄于周是爲古文尚書然世猶淳質文從簡略求諸備體固已闕如既而丘明傳春秋子長著史記載筆之體於斯備矣後來繼作相與因循假有改張變其名目區域有限孰能踰此蓋荀悅張璠丘明之黨也班固華嶠子長之流也唯二家

鈔本無得字

各相矜尚必辨其利害可得而言之夫春秋者繫日月而爲次列時歲以相續中國外夷同年共世莫不備載其事形于目前理盡一言語無重出此其所以爲長也至於賢士貞女高才儁德事當衝要者必盱衡而備言迹在沉冥者不枉道而詳說如絳縣之老杞梁之妻或以酬晉卿而獲記或以對齊君而見錄其有賢如柳惠仁若顏回終不得彰其名氏顯其言行故論其細也則纖芥無遺語其麤也則丘山是棄此其所以爲短也史記者紀以包舉大端傳以委曲細事表以譜列年爵志以

總括遺漏逮於天文地理國典朝章顯隱必該洪纖靡失此其所以爲長也若乃同爲一事分在數篇斷續相離前後屢出於高紀則云語在項傳於項傳則云事具高紀又編次同類不求年月後生而擢居首秩先輩而抑歸末章遂使漢之賈誼將楚屈原同列魯之曹沫與燕荊軻並編此其所以爲短也考茲勝負互有得失而晉世干寶著書乃盛譽丘明而深抑子長其義云能以三十卷之約括囊二百四十年之事靡有遺也尋其此說可謂勁挺之詞乎按春秋時事入於左氏所書者蓋三

闌一作闌

分得其一耳丘明自知其略也故爲國語以廣之然國語之外尚多亡逸安得言其括囊靡遺者哉向使丘明世爲史官皆倣左傳也至於前漢之嚴君平鄭子真後漢之郭林宗黃叔度晁錯董生之對策劉向谷永之上書斯並德冠人倫名馳海內識洞幽顯言窮軍國或以身隱位卑不預朝政或以文煩事博難爲次序皆略而不書斯則可也必情有所恡不加刊削則漢氏之志傳百卷併列於十二紀中將恐碎瑣多蕪闌單失力者矣故班固知其若此設紀傳以區分使其歷然可觀綱紀有

其　字

爭一作成

別荀悅厭其迂闊又依左氏成書翦截班史篇纔三十歷代保之有踰本傳然則班荀二體角力爭先欲廢其一固亦難矣後來作者不出二途故晉史有王虞而副以干紀宋書有徐沈而分爲裴略各有其美並行于世異夫令升之言唯守一家而已

載言第三

古者言爲尚書事爲春秋左右二史分尸其職蓋桓文作霸糾合同盟春秋之時事之大者也而尚書闕紀秦師敗績繆公誡誓尚書之中言之大者

新唐書文減事增
蓋本此指

錄者亡多或不足耳

石藝本 註云 此則又并

也而春秋靡錄此則言事有別斷可知矣逮左氏爲書不遵古法言之與事同在傳中然而言事相兼煩省合理故使讀者尋繹不倦覽諷忘疲至於史漢則不然凡所包舉務存恢博文辭之記繁富爲多是以賈誼晁錯董仲舒東方朔等傳唯止錄言罕逢載事夫方述一事得其綱紀而隔以大篇分其次序遂令披閱之者有所懵然後史相承不改其轍交錯紛擾古今是同按遷固列君臣於紀傳統遺逸於表志雖篇名甚廣而言獨無錄愚謂凡爲史者宜於表志之外更立一書若人主之制

史与集而混之矣。且紀所載詔令大抵武賢敕罪、論稅諸事耳。主之聖否。輔之賢奸。生民之治亂。俱於此徵、删而削入列簡。又何紀之云。

冊誥令羣臣之章表移檄收之紀傳悉入書部題爲制冊章表書以類區别他皆倣此亦猶志之有禮樂志刑法志又詩人之什自成一家故風雅比興非三傳所取自六義不作文章生焉若韋孟諷諫之詩揚雄出師之頌馬卿之書封禪賈誼之論過秦諸如此文皆施紀傳切謂宜從古詩例斷入書中亦猶舜典列元首之歌夏書包五子之詠者也夫能使史體如是庶幾春秋尚書之道備矣昔干寶議撰晉史以爲宜準左丘明其臣下委曲仍爲譜注于時議者莫不宗之故前史之所未安後

浦評：此篇立論大綮踳錯

者字一本闕

史之所宜革是用敢同有識爰立兹篇庶世之作者覩其利害如謂不然請俟來哲

本紀第四

昔汲冢竹書是曰紀年呂氏春秋肇立紀號蓋紀者綱紀庶品網羅萬物考篇目之大者其莫過於此乎及司馬遷之著史記也又列天子行事以本紀名篇後世因之守而勿失譬夫行夏時之正朔服孔門之教義者雖地遷陵谷時變質文而此道常行終莫之能易也然遷之以天子爲本紀諸侯爲世家斯誠讜矣但區域既定而疆理不分遂令

後之學者罕詳其義按姬自后稷至於西伯嬴自柏翳至於莊王爵乃諸侯而名隸本紀若以西伯莊王以上別作周秦世家持殷紂以對武王拔秦始以承周赧使帝王傳授昭然有別豈不善乎必以西伯以前其事簡約別加一目不足成篇則柏翳之至莊王其書先成一卷而不共世家等列輒與本紀同編此尤可怪也項羽僭盜而死未得成君求之於古則齊無知衞州吁之類也安得諱其名字呼之曰王者乎春秋吳楚僭擬書如列國假使羽竊帝名正可抑同羣盜況其名曰西楚號止

襄

先成一卷猶齊与田完各為世家耳秦自昭襄莊襄之世已取二周故不得不為前紀也

當時羽實主約漢封已蜀羽之為也故史遷用共工之例列於本紀

馮評 紀者紀其事豎之所從出也項王手握太阿指揮天下雖真天子亦俯躬聽命入蜀莫知無知州吁有如此之威福乎似此持論難文免識

見知嗣本傳 孫和周不當作紀而宣文首稱晉紀亦用商周秦本紀舊例耳但承祚以建安編年士諷不用魏羽此則失之。按宣文二紀當用爲一卷自孫曾褒之後礼樂征伐由之以宗[illegible]編年[illegible]古人[illegible]

霸王者乎霸王者卽當時諸侯諸侯而稱本紀求名責實再三乖繆蓋紀之爲體猶春秋之經繫日月以成歲時書君上以顯國統曹武雖曰人臣實同王者以未登帝位國不建元陳志權假漢年編作魏紀亦猶兩漢書首列秦莽之正朔也後來作者宜準於斯而陸機晉書列紀三祖直序其事竟不編年年既不編何紀之有夫位終北面一槩人臣儻追加大號止入傳限是以弘嗣吳史不紀孫和緬求故實非無往例逮伯起之次魏書乃編景穆於本紀以戾國虛諡間厠武昭欲使百世之中

[illegible]評立論如此則孺子嬰頭之後紀將何歸

[illegible]評此時篡弒未成山陽猶在烏得不建漢元若秦亡則項王儼然稱王正紀安在

[illegible]評陸平原身爲晉臣自不得不推尊三祖此時書家有統何可編年

[illegible]評將使武帝襃然首紀宣文抑然爲傳可乎

常事則用傳體斟酌其中矣
宋金元諸史皆昧此誼

馮評 持論宗當

若爲魚貫又紀者既以編年爲主唯叙天子一人有大事可書者則見之於年月其書事委曲付之列傳此其義也如近代述者魏著作李安平之徒其撰魏齊二史（魏彦淵撰後魏書　李百藥撰北齊書）於諸帝篇或雜載臣下或兼言他事巨細畢書洪纖備錄（如彦淵帝紀載沙苑之捷百藥帝紀述淮南之敗是也）全爲傳體有異紀文迷而不悟無乃太甚世之讀者幸爲詳焉

馮評此則誠然

世家第五

自有王者便置諸侯列以五等疏爲萬國當周之東遷王室大壞於是禮樂征伐自諸侯出迄乎秦

自諸侯升為天子陷
書自大夫命為諸侯
亦同書矣不宜相雜

世分爲七雄司馬遷之記諸國也其編次之體與本紀不殊蓋欲抑彼諸侯異乎天子故假以他稱名爲世家按世家之爲義也豈不以開國承家世代相續至如陳勝起自群盜稱王六月而死子孫不嗣社稷靡聞無世可傳無家可宅而以世家爲稱豈當然乎夫史之篇目皆遷所創豈以自我作故而名實無準且諸侯大夫家國本別三晉之與田氏自未爲君而前齒列陪臣屈身藩后而前後一統俱歸世家使君臣相雜升降失序何以責季孫之八佾舞庭管氏之三歸反坫又列號東帝抗

田完出名所以别於太公之齊也

即位建元漢代諸王猶從古制受制京邑亦惟景武以後稍絀其權乃若是耳馬遷固未可非班氏釐革亦爲得宜也

衡西秦地方千里高視六國而沒其本號唯以田完制名謂田完世家也求之人情孰謂其可當漢氏之有天下也其諸侯與古不同夫古者諸侯皆即位建元專制一國綿綿瓜瓞卜世長久至於漢代則不然其宗子稱王者皆受制京邑自同州郡異姓封侯者必從宦天朝不臨方域或傳國唯止一身或襲爵纔經數世雖名班胙土蜀本班下有爵字宋本無而禮異人君必編爲世家實同列傳而馬遷强加别錄以類相從雖得晝一之宜詎識隨時之義蓋班漢知其若是釐革前非至如蕭曹茅土之封荆楚葭莩

此歐公十國世家所本宋史中諸僭君世家又沿之也

蕭詧附庸乃稱世家魏乃敵國烏乎可也

之屬並一槩稱傳無復世家事勢當然非矯枉也自玆已降年將四百及魏有中夏而揚益不賓終亦受屈中朝見稱僞主爲史者必題之以紀則上逼帝王牓之以傳則下同臣妾梁主勑撰通史定爲吳蜀世家持彼僭君比諸列國去太去甚其得折中之規乎次有子顯齊書北編魏虜牛弘周史南記蕭詧考其傳體宜曰世家但今古著書通無此稱用使馬遷之冊湮没不行班固之名相傳靡易者矣

列傳第六

歐公陽此於唐本
紀逆直傚春秋

評 余謂紀以紀其所從出合五帝以迄太初

夫紀傳之興肇於史漢盖紀者編年也傳者列事也編年者曆帝王之歳月猶春秋之經列事者録人臣之行狀猶春秋之傳春秋則傳以解經史漢則傳以釋紀尋茲例草創始自子長而朴略猶存區分未盡如項王立傳而以本紀爲名非唯羽之僭盜不可同於天子且推其序事皆作傳言求謂之紀不可得也或曰遷紀五帝夏殷亦皆列事而巳子曾不之怪何獨尤於項紀哉對曰不然夫五帝之與殷夏也正朔相承子孫遞及雖無年可著紀亦何傷如項羽者事起秦餘身終漢始殊夏氏

評 項王自誅暴

史通卷之二 八 章仟刻

楚將可紀也子長得之勒一帝而成漢典楚羽可傳也孟堅得之執此相非識或未是

嫌一作嗛

鄧梁臨朝設無事蹟呂后故統皆著紀若猶劉之不得為紀豈非齷於曹馬相代哉

之后羿似黄帝之蚩尤譬諸閏位容可列紀方之駢拇難以成編且夏殷之紀不引他事夷齊諫周實當紂日而析爲列傳不入殷篇項紀則上下同載君臣交雜紀名傳體所以成嫌夫紀傳之不同猶詩賦之有別而後來繼作亦多所未詳按范曄漢書紀后妃六宮其實傳也而謂之爲紀陳壽國志載孫劉二帝其實紀也而呼之曰傳考數家之所作其未達紀傳之情乎苟上智猶且若斯則中庸故可知矣又傳之爲體大抵相同而述者多方有時而異耳如二人行事首尾相隨則有一傳兼

秦后羿于弑其主反古有殊有篡僭何淼廉此豈蔫論

記

書包括今盡若陳餘張耳合體成篇陳勝吳廣相
參並錄是也亦有事跡雖寡名行可崇寄在他篇
爲其標冠若商山四皓事列王陽之首廬江毛義
名在劉平之上是也自茲已後史氏相承述作雖
多斯道都廢其同於古者惟有附出而已尋附出
之爲義攀列傳以垂名若紀季之入齊顓臾之事
魯皆附庸自託得厠於朋流然世之求名者咸以
附出爲小蓋以其因人成事不足稱多故也竊以
書名竹素豈限詳略但問其事竟如何耳借如召
平紀信沮授陳容或運一異謀樹一奇節並能傳

之不朽人到于今稱之豈假編名作傳然後播其遺烈也嗟乎自班馬以來獲書於國史者多矣其間則有生無令聞死無異跡（異一作遺）用使游談者靡徵其事講習者罕記其名而虛傳班史妄占篇目若斯人者可勝紀哉古人以沒而不朽爲難蓋爲此也

太學生馮繼可校

史通卷之二

史通卷第三

唐鳳閣舍人彭城劉子玄撰

内篇

表曆第七

蓋譜之建名起於周氏表之所作因譜象形故桓君山有云太史公三代世表旁行斜上並效周譜此其證歟夫以表爲文用述時事施彼譜曆容或可取載諸史傳未見其宜何則易以六爻窮變化經以一字成褒貶傳包五始詩含六義故知文尚簡要語惡煩蕪何必款曲重沓方稱周備觀馬遷

當時讀書已苟簡如此

隋經籍志東觀漢記一百四十三卷長水校尉劉珍等撰

史記則不然夫天子有本紀諸侯有世家公卿巳下有列傳至於祖孫昭穆年月職官各在其篇具有其說用相考覈居然可知而重列之以表成其煩費豈非謬乎且表次在篇第編諸卷軸得之不爲益失之不爲損用使讀者莫不先看本紀越至世家表在乎其間緘而不視語其無用可勝道哉旣而班東二史（東謂東觀漢記）各相祖述迷而不悟無異逐狂必曲爲銓擇強加引進則列國年表或可存焉何者當春秋戰國之時天下無主群雄錯峙各自年世若申之於表以統其時則諸國分年一時

班東

呂公卿王侯傳所不能備載賴表以考見耳

鴉評枝駢疣贅莫甚於斯子玄既有此言何爲後人又表宰相世系

此則德章十二諸侯及六國年表也

盡見如兩漢御曆四海成家公卿既爲臣子王侯纔比郡縣何用表其年數以别於天子者哉又有甚於斯者異哉班氏之人表也區别九品網羅千載論世則異時語姓則他族自可方以類聚物以羣分使善惡相從先後爲次何籍而爲表乎且其書上自庖犧下窮嬴氏不言漢事而編入漢書鳩居鵲巢蔦施松上附生疣贅不知剪截何斷而爲限乎至法盛書載中興改表爲注名目雖巧蕪累亦多當晉氏播遷南據揚越魏宗勃起北雄燕代其間諸僞十有六家不附正朔自相君長崔鴻著

表頌有甄明比於史漢羣篇其要爲切者矣若諸子小說編年雜記如韋昭洞紀陶弘景帝王歷皆因表而作用成其書旣非國史之流故存而不述

書志第八

并序　天文志　藝文志　五行志　雜志

夫刑法禮樂風土山川求諸文籍出於三禮及班馬著史别裁書志考其所記多効禮經且紀傳之外有所不盡隻事片文於斯備錄語其通博信作者之淵海也原夫司馬遷曰書班固曰志東觀曰記華嶠曰典張勃曰録何法盛曰說名目雖異體統不殊亦猶楚謂之檮杌晉謂之乘魯謂之春秋

記

宋書符瑞本之王隱
魏書亦志靈徵
故一刻古

其義一也於其編次則有前曰平準後云食貨古號河渠今稱溝洫析郊祀爲宗廟分禮樂爲威儀懸象出於天文郡國生於地理如斯變革不可勝計或名非而物是或小異而大同但作者愛奇耻於仍舊必尋源討本其歸一揆也若乃五行藝文班補子長之闕百官輿服謝拾孟堅之遺王隱後來加以瑞異魏收晚進弘以釋老斯則自我作故出乎胷臆求諸歷代不過一二者焉大抵志之爲篇其流十五六家而已其間則有妄入編次虛張部帙而積習已久不悟其非亦有事應可書宜别

星一作靈

班書天文是馬續所述雖因仍天官亦頗係以漢事不容直謂之無也

標篇題音第而古來作者曾未覺察今略陳其義列於下云已上書志序

夫兩曜百星麗於玄象非如九州萬國廢置無恒故海田可變而景緯無易古之天猶今之天也今之天即古之天也必欲刊之國史施於何代不可也但史記包括所及區域綿長故書有天官讀者竟忘其誤權而為論未見其宜班固因循復以天文作志志無漢事而隸入漢書尋篇考限覩其乖越者矣降及有晉迄于隋氏或地止一隅或年纔一世而彼蒼列志其篇倍多流宕忘歸不知紀極

瑀評萬論

方於漢史又孟堅之罪人也切以國史所書宜述當時之事必爲志而論天象也但載其時彗孛氛祲薄食晦明裨竈梓慎之所占京房李郃之所候至如熒惑退舍宋公延齡中台告坼晉相速禍星集潁川而賢人聚月犯少微而處士亡如斯之類志之可也若乃體分濛澒色著青蒼丹曦素魄之躔次黃道紫宮之分野既不預於人事輒編之於策書故曰刊之國史施於何代不可也其間唯有袁山松沈約蕭子顯魏收等數家頗覺其非不遵舊例凡所記錄多合事宜寸有所長賢於班馬遠

遭秦滅學之後幸其僅存防其僞托藝文誌志何可少哉至於後述史則前志已錄當核其存亡後來作者續志其篇目斯得之矣

矣。已上天文志

伏羲已降文籍始備逮於戰國其書五車傳之無窮是曰不朽夫古之所制我有何力而班漢定其流別編爲藝文志論其妄載事等上篇謂天文志續漢已還祖述不暇夫前志已錄而後志仍書篇目如舊頻煩互出何異以水濟水誰能飲之者乎且漢書之志天文藝文也蓋欲廣列篇名示存書體而已文字既少披閱易周故雖乖節文而未甚穢累既而後來繼述其流日廣天文則星占月會渾圖周髀之流藝文則四部七錄中經秘閣之輩莫不

百瑟作肴

附評著書者亦是一代學人傳之所遺庶其類此但列一朝作者可否允當

各踰三篋自成一家史臣所書宜其輟簡而近世有著隋書者乃廣包衆作勒成二志騁其繁富百倍前修非唯循覆車而重軌亦復加闊眉以半額者矣。但自史之立志非復一門其理有不安多從㳂革唯藝文一體古今是同詳求厥義未見其可愚謂凡撰志者宜除此篇必不能去當變其體近者宋孝王關東風俗傳亦有墳籍志其所錄皆鄴下文儒之士讐校之司所列書名唯取當時撰者習兹楷則庶免譏嫌語曰雖有絲麻無棄菅蒯於宋生得之矣 已上藝文志

彗一作孛

梟一作涼

夫災祥之作以表吉凶此理昭昭不易誣也然則麒麟鬬而日月食鯨鯢死而彗星出河變應於千年山崩由於朽壤又語曰太歲在丑乞漿得酒太歲在巳販妻鬻子則知吉凶遞代如盈縮循環此乃關諸天道不復繫乎人事且周王決疑龜焦蓍折宋皇誓衆竿壞幡亡梟止涼師之營鵩集賈生之舍斯皆妖災著象而福祿來鍾愚智不能知晦明莫之測也然而古之國史聞異則書未必皆審其休咎詳其美惡也故諸侯相赴有異不爲災見於春秋其事非一洎漢興儒者乃考洪範以釋陰

當作涼

此謝艾事

崔漢士作爵

第十卷襟述篇四四頁
言有孔思尚語錄

陽其事也如江壁傳於鄭客遠應始皇臥柳植於上林近符宣帝門樞白髮元后之祥桂樹黃雀新都之讖舉夫一二良有可稱至於蜚蜮螽震食崩圻隕雨霜雹大水無冰其所證明實皆迂闊故當春秋之世其在於魯也如有旱雩舛候螟蟊傷苗之屬是時或秦人歸禭或毛伯錫命或滕邾入朝或晉楚來聘皆持此恒事應彼咎徵旻穹垂謫厥罰安在探賾索隱其可略諸且史之記載難以周悉近者宋氏年唯五紀地止江淮書滿百篇號爲繁富作者猶廣之以拾遺加之以語錄況彼春

桂樹鳥
校梓柱

秋之所記也二百四十年行事夷夏之國盡書而經傳集解卷纔三十則知其言所略蓋亦多矣而漢代儒者羅災眚於二百年外討符會於三十卷中安知事有不應於人。應人而失其事。何得苟有變而必知其乖者哉。若乃採前文而改易其說謂王札子之作亂在彼成年春秋成公元年二月無冰董仲舒以爲其時王札子殺召伯毛伯案今春秋經札子殺召毛事在宣十五年非成公時夏徵舒之構逆當夫昭代春秋昭公九年陳火董仲舒以爲楚嚴王爲陳討夏徵舒因滅陳陳之臣子毒恨故致火災按楚嚴王之滅陳在宣十一年如昭九年所滅者乃楚靈王時是莊王卒恭王立恭王卒康王立康王卒郟敖立郟敖卒靈王立相去凡五世在五行志上卷中楚嚴作霸荊國始僭稱王春秋桓公三年日有食之既京房易傳以爲後楚嚴稱王兼地千里按自武王始僭號歷文成繆三王始至於嚴然則楚之稱王已四世矣何得言嚴始稱哉又魯桓薨後世歷嚴閔釐文宣凡五君而楚嚴作覇安有桓三年日食而應之邪高宗諒陰亳都實生桒穀尚書伊陟相太戊亳有桒穀共生劉向以爲殷道衰高宗承弊而起盡諒陰之哀天下應之既獲顯榮怠於政事國將危亡故桒穀之異見按太戊崩其後嗣有仲丁河亶甲祖乙盤庚凡歷五世始至武丁即高宗是也桒穀自太戊時生非高宗事高又本不都於亳晉悼臨國六卿專政以君事臣董仲舒以爲成公十七年六月甲戌朔日有食之時宿在畢晉家象也晉厲公後莫敢責大夫六卿遂相與比周專晉國君還事之按春秋成公十二月丁巳朔日食非是六月魯僖末年三桓世官殺嫡立庶春秋僖公三十年十二月隕霜不殺草劉向以爲是時公子遂專權三桓始世官向又曰嗣君微失

誅四大夫欲殺厲公

柄來事之象也又鼞公一十九年秋大雨雹劉向以爲鼞公末年信用公子遂專權自恣至於殺君故陰脅陽之象見鼞公不悟遂終專權後二年殺子赤立宣公按此事乃文公末世不是僖公時也遂即東門襄仲赤即文公太子即惡也斯皆不憑章句直取胷懷或以前爲後以虛爲實移的就箭曲取相諧掩耳盜鍾自云無覺詎知後生可畏來者難誣者邪又品藻群流題目庶類謂莒爲大國菽爲强草鶖著素色負蠜匪中國之蟲春秋嚴公二十九年有蜚劉歆以爲蜚負蠜也劉向以爲非中國所有南越盛暑男女同川澤淫風所生是時嚴取齊淫女爲夫人既入淫於兩叔故蜚至按負蠜中國所生不獨出南越鸜鵒爲夷狄之鳥春秋昭公二十三年鸜鵒來巢劉向以爲夷狄之禽按鸜鵒中國皆有唯不踰濟水耳事見周官如斯詭妄不可殫

素一作青
是五行志
昭帝時有
鵜鶘或曰
禿鶖集
昌邑王殿
下劉向以爲
水鳥色青
青祥也

論而班固就加纂次曾靡銓擇因以五行編而爲志不亦惑乎且每有敘一灾推一怪董京之說前後相反桓公三年日有食之董仲舒劉向以爲魯宋殺君易許田劉歆以爲晉曲沃莊伯殺晉侯京房以爲後楚嚴稱王兼地千里也向歆之解父子不同嚴公七年夜中星隕如雨劉向以爲夜中者卽中國也劉歆以爲晝象中國夜象夷狄劉向又以爲蜮生南越劉歆以爲盛暑所生非自越來也遂乃雙載其文兩存厥理言無準的事益煩費豈所謂撮其機要收彼菁華者乎自漢中興已還迄于宋齊其間司馬彪臧榮緒沈約蕭子顯相承載筆竟志五行雖未能盡善而大較多實何者如彪之徒皆自以名慙漢儒才劣班史

張楩刻

凡所辨論務守常途既動遵繩墨故理絕河漢兼
以古書從略求徵應者難該近史尚繁考祥符者
易洽此昔人所以言有乖越後進所以事必精審
也然則天道遼遠裨竈焉知日食不常文伯所對
至如梓慎之占星象趙達之明風角單颺識魏祚
於黃龍董養徵晉亂於蒼鳥斯皆肇彰先覺取驗
將來言必有中語無虛發苟誌諸竹帛其誰曰不
然若乃前事已往後來追證課彼虛說成此有詞
多見其老生常談徒煩翰墨者矣子曰蓋有不知
而作之者我無是也包曰時人有穿鑿妄作篇籍者故云然又曰君

曆象日月星辰堯典所重折諸六藝自當有志人形則在九流方言附見小學皆藝文所該也復何事於疏贅乎劉生此論爲僻固矣

濤評快心之論無此

子於其所不知蓋闕如也又曰知之爲知之不知爲不知是知也嗚呼世之作者其鑒之哉談何容易駟不及舌無爲强著一言受嗤千載也已上五行志

或以爲天文藝文雖非漢書所宜取而有廣聞見難爲刪削也對曰茍事非其限而越理來書自可觸類而長于何不錄又有要於此者今可得而言焉夫圓首方足含靈受氣吉凶形於相貌貴賤彰於骨法生人之所欲知也四支六府痾瘵所纏苟詳其孔穴則砭灼無誤此養生之尤急且身名並列親疎自明豈可近昧形骸而遠求辰象既天文

是子弟戲語、非謂為史者應著此篇

此遺金架載國語所本而較知取舍

有志何不爲人形志乎茫茫九州言語各異大漢輶軒之使譯導而通足以驗風俗之不同示皇威之廣被且事當炎運尤相關涉爾雅釋物非無往例既藝文有志何不爲方言志乎但班固綴孫卿之詞以序刑法探孟軻之語用裁食貨五行出劉向洪範藝文取劉歆七略因人成事其目遂多至若許負相經楊雄方言並當時所重見傳流俗若加以二志幸有其書何獨捨諸深所未曉歷觀衆史諸志列名或前略而後詳或古無而今有雖遞補所闕各自以爲工權而論之皆未得其最蓋可

馮評帝王都「邑紀傳已詳、士庶氏族列傳已具、四夷方物任土者詳之郡國志、貢琛者析入外國傳、亦何異頭上安頭乎、著無辭費、余不敢知

以爲志者其道有三焉一曰都邑志二曰氏族志三曰方物志何者京邑翼翼四方是則千門萬戶兆庶仰其威神虎踞龍蟠帝王表其尊極兼復土階卑室好約者所以安人阿房未央窮奢者由其敗國此則其惡可以誡世其善可以勸後者也且宮闕制度朝廷軌儀前王所爲後王取則故齊府肇建誦魏都以立宮代國初遷寫吳京而樹闕故知經始之義卜揆之功經百王而不易無一日而可廢也至如兩漢之都咸洛晉宋之宅金陵魏徙伊瀍齊居漳滏隋氏二世分置兩都此並規模宏

張梗刻

宗室 此新唐書宰相世系表所由作宗史

遠名號非一凡爲國史者宜各撰都邑志列於輿服之上金石草木縞紵絲枲之流鳥獸蟲魚齒革羽毛之類或百蠻攸稅或萬國是供夏書則編於禹貢周書則託於王會亦有圖形九牧之鼎列狀四荒之經觀之者擅其博聞學之者騁其多識自漢氏拓境無國不賓則有邛竹傳節蒟醬流味大宛輸其善馬（蜀本作獻 宋本作輸）條支致其巨雀爰及魏晉迄于周隋咸亦遐邇來王任土作貢異物歸於計吏奇名顯於職方凡爲國史者宜各撰方物志列於食貨之首帝王苗裔公侯子孫餘慶所鍾百世

因之以興追紹其本實
爲居要

無絕能言吾祖郯子見師於孔公不識其先籍談取誚於姬后故周撰世本式辨諸宗楚置三閭實掌王族逮乎晚葉譜學尤煩用之於官可以品藻士庶施之於國可以甄別華夷自劉曹受命雍豫爲宅世胄相承子孫蕃衍及永嘉東渡流寓揚越代氏南遷革夷從夏於是中朝江右南北混淆華壤邊氓虜漢相雜隋有天下文軌大同江外山東人物殷湊其間高門素族蜀本作貴 宋本作素非復一家郡正州都世掌其任凡爲國史者宜各撰氏族志列於百官之下盖自都邑已降氏族而往實爲志者

休文符瑞亦承王隱瑞異但欲體裁之兼包前史不覺其徒爾貴詳也

所宜先而諸史竟無其錄如休文宋籍廣以符瑞伯起魏篇加之釋老徒以不急爲務曾何足云惟此數條粗加商略得失利害從可知矣庶夫後來作者擇其善而行之已上雜志

或問曰子以都邑氏族方物宜各纘次以志名篇夫史之有志多憑舊說苟世無其錄則闕而不編此都邑之流所以不果列志也對曰槩帝王建國本無恒所作者記事亦在相時遠則漢有三輔典近則隋有東都記於南則有宋南徐州記山謙之晉宮闕名於北則有洛陽伽藍記楊衒之鄴都故事盖都邑之事

楊評此書似能闕都邑

隋志云摯虞作族姓昭穆記晉亂已亡

方思格魏太和中既定氏族高下按此以選舉殿字衍

盡在是矣譜諜之作盛於中古漢有趙岐三輔決
錄晉有摯虞姓族記江左有兩王百家譜中原有
方思殿格盖氏族之事盡在是矣自沈瑩著臨海
水土周處撰陽羨土風厥類衆夥諒非一族是以
地理爲書陸澄集而難盡水經加注酈元編而不
窮盖方物之事盡在是矣凡此諸書代不乏作必
聚而爲志奚患無文譬夫涉海求魚登山採木至
於鱗介脩短柯條巨細盖在擇之而巳苟爲漁人
匠者何慮山海之貧罄哉

王儉 王僧孺

思殿校作司仍存殿字

者疑作伯

史通卷之三

郡庠生沈其初校

一百六十七字

史通卷第四

唐鳳閣舍人彭城劉子玄撰

内篇

論贊第九

春秋左氏傳每有發論假君子以稱之二傳云公羊子穀梁子史記云太史公既而班固曰贊荀悅曰論東觀曰序謝承曰詮陳壽曰評王隱曰議何法盛曰述楊雄曰譔劉昞曰奏袁宏裴子野自顯姓名皇甫謐葛洪列其所號史官所撰通稱史臣其名萬殊其義一揆必取便於時則總歸論焉夫

論者所以辯疑惑釋凝滯若愚智共了固無俟商搉丘明君子曰者其義實在扵斯司馬遷始限以篇終各書一論必理有非要則强生其文史論之煩實萌扵此夫擬春秋以成史持論尤宜闊略其有本無疑事輒設論以裁之此皆私徇筆端苟衒文彩嘉辭美句寄諸簡冊豈知史書之大體載削之指歸者哉必尋其得失考其異同子長淡泊無味承祚懦緩不切賢才間出隔世同科孟堅辭惟温雅理多愜當其尤美者有典誥之風翩翩奕奕良可詠也仲豫義理雖長失在繁富自兹已降流

宕忘返大抵皆華多於實理少於文鼓其雄辭誇
其儷事必擇其善者則干寶范曄裴子野是其最
也沈約臧榮緒蕭子顯抑其次也孫安國都無足
採習鑿齒時有可觀若袁彥伯之務飾玄言謝靈
運之虛張高論玉卮無當曾何足云王劭志在簡
直言兼鄙野苟得其理遂忘其文觀過知仁斯之
謂矣大唐修晉書作者皆當代詞人遠棄史班近
宗徐庾夫以飾彼輕薄之句而編爲史籍之文無
異加粉黛於壯夫服綺紈於高士者矣史之有論
也蓋欲事無重出省文可知如太史公曰觀張良

序上一有自字

貌如美婦人耳項羽重瞳豈舜苗裔此則別加他語以補書中所謂事無重出者也又如班固贊曰萬石君之爲父浣衣君子非之楊王孫裸葬賢於秦始皇遠矣此則片言如約而諸義甚備所謂省文可知也及後來讚語之作多錄紀傳之言其有所異唯加文飾而已至於甚者則天子操行具諸紀末繼以論曰接武前修紀論不殊徒爲再列馬遷序傳後歷寫諸篇各敘其意既而班固變爲詩體號之曰述范曄改彼述名呼之以贊尋述贊爲例篇有一章事多者則約之以使少理小者則張

之以令大名實多爽詳略不同且欲觀人之善惡史之褒貶盖無假於此也然固之總述合在一篇使其條貫有序歷然可閱蔚宗後書實同班氏乃各附本事書於卷末篇目相離斷絕失次而後生作者不悟其非如蕭李南北史（蕭子顯 李百藥）大唐新修晉史皆依范書誤本篇終有贊夫每卷立論其煩已多而嗣論以贊爲黷彌甚亦有文士製碑序終而續以銘曰釋氏演法義盡而宣以偈言苟撰史若斯難與議夫簡要者矣至若與奪乖宜是非失中如班固之深排賈誼范曄之虛美隗囂陳壽謂

三　顧子立刻

擊難一作擊排

諸葛不逮管蕭魏收稱爾朱可方伊霍或言傷其實或擬非其倫必備加擊難則五車難盡故略陳梗槩一言以蔽之

序例第十

孔安國有云序者所以序作者之意也竊以書列典謨詩含比興若不先叙其意難以曲得其情故每篇有序敷暢厥義降逮史漢以記事爲宗至於表志雜傳亦時復立序文兼史體狀若子書然可與誥誓相參風雅齊列矣逮華嶠後漢多同班氏如劉平江革等傳其序先言孝道次述毛義養親

殆

此則前漢王貢傳體其篇以四皓爲始也嶠言辭簡質叙致温雅味其宗旨亦孟堅之亞歟爰洎范曄始革其流遺棄史才矜衒文彩後來所作他皆若斯於是遷固之道忽諸微婉之風替矣若乃后妃列女文苑儒林凡此之流范氏莫不列序夫前史所有而我書獨無世之作者以爲恥愧故上自晉宋下及陳隋每書必序課成其數蓋爲史之道以古傳今古既有之今何爲者濫觴肇跡容或可觀累屋重架無乃太甚譬夫方朔始爲客難續以賓戲解嘲枚乘首唱七發加以七章七辨音辭雖

異旨趣皆同此乃讀者所厭聞老生之恒説也夫史之有例猶國之有法國之無法則上下靡定史之無例則是非莫準昔夫子修經始發凡例左氏立傳顯其區域科條一辨彪炳可觀降及戰國迄乎有晉年逾五百史不乏才雖其體屢變而斯文終絶唯令升先覺遠述丘明重立凡例勒成晉紀鄧孫已下遂躡其蹤史例中興於斯爲盛若沈宋之志序蕭齊之序錄雖皆以序爲名其實例也必定其臧否徵其善惡干寶范曄理切而多功鄧粲道鸞詞煩而寡要子顯雖文傷蹇躓而義甚優長

斯一二家皆序例之美者夫事不師古匪說攸聞
苟模楷曩賢理非可諱而魏收作例全取蔚宗貪
天之功以爲己力異夫范依叔駿班習子長攘袂
公行不陷穿窬之罪也盖凡例既立當與紀傳相
符按唐朝晉書例云凡天子廟號惟書於卷末依
撿孝武崩後竟不言廟曰烈宗又按百藥齊書例
云人有本字行者今並書其名依撿如高慎斛律
光之徒多所仍舊謂之仲密明月此並非言之難
行之難也及晉齊史例皆云坤道卑柔中宮不可
爲紀今編同列傳以戒牝雞之晨切惟錄皇后者

既爲傳體自不可加以紀名二史之以后爲傳雖云允愜而解釋非理成其偶中所謂畫蛇而加足反失杯中之酒也至於題目失據褒貶多違斯並散在諸篇此可得而略矣

題目第十一

上古之書有三墳五典八索九丘其次有春秋尚書檮杌志乘自漢已下其流漸繁大抵史名多以書記紀略爲主後生祖述各從所好沿革相因循環遞習盖區域有限莫踰於此焉至孫盛有魏氏春秋孔衍有陏尚書陳壽王劭曰志何之元劉璠

隋志梁後略十卷
姚最撰之後

曰典此又好奇厭俗習舊捐新雖得稽古之宜未達從時之義摧而論之其編年月者謂之紀列記傳者謂之書取順於時斯爲最也夫名以定體爲實之賓苟失其途有乖至理桉呂陸二氏呂不韋 陸賈各著一書惟次篇章不繫時月此乃子書雜記而皆號曰春秋魚豢姚㝡著魏梁二史巨細畢載蕪累甚多而俱牓之以略考名責實奚其爽歟若乃史傳雜篇區分類聚隨事立號諒無恒規如馬遷撰皇后傳而以外戚命章桉外戚憑皇后以得名猶宗室因天子而顯稱也若編皇后而曰外戚傳

徐宿刻

之
無也字

則書天子而曰宗室紀可乎班固撰人表以古今爲目尋其所載也皆自秦而往非漢之事古誠有之今則安在子長史記别創八書孟堅既以漢爲書不可更標書號改書爲志義在互文而何氏中興易志爲記此則貴於革舊未見其能夫戰爭方殷雄雌未決則有不奉正朔自相君長必國史爲傳宜别立科條至如陳項諸雄寄編漢籍董袁羣賊附列魏志既同臣子之例孰辨彼此之殊惟東觀以平林下江諸人列爲載記顧後來作者莫之遵效逮新晋始以十六國主持載記表名可謂擇

與傳中更有孫寶劉
輔何並無衛姓者

今本已非其舊惟
傳照中麻沙劉氏刻
本每傳之前尚如是
耳

善而行巧於師古者矣觀夫舊史列傳題卷靡恒
文少者則具出姓名若司馬相如東方朔是也字
煩者惟書姓氏若毋將盖陳衛諸葛傳是也必人
多而姓同者則結定其數若二袁四張二公孫傳
是也如此標格足爲詳審至范曄舉例始全錄姓
名歷短行於卷中叢細字於標外其子孫附出者
注於祖先之下乃類俗之文按孔目藥草經方煩
碎之至孰過於此切以周易六爻義存象内春秋
萬國事具傳中讀者研尋篇終自曉何必開帙解
帶便令昭然滿目也自玆已降多師蔚宗魏收因

此三國志

之則又甚矣其有魏世隣國編於魏史者於其人姓名之上又列之以邦域申之以職官至如江東帝王則云僭晉司馬叡島夷劉裕河西酋長則云私署涼州牧張寔私署涼王李暠此皆篇中所具又於卷首具列必如收意使其撰兩漢書三國志題諸盜賊傳亦當云僭西楚項羽僞寧朔王隗囂自餘陳涉張步劉璋袁術其位號一二具言無所不盡也盖法令滋章古人所愼若范魏之裁篇目可謂滋章之甚者乎苟忘彼大體好兹小數難與議夫婉而成章一字以爲褒貶者矣

三百七十五字

馮評 此亦有異孔子特因舊文丘明乃出新裁耳

斷限第十二

夫書之立約其來尚矣如尼父之定虞書也以舜爲始而云粤若稽古帝堯丘明之傳魯史也以隱爲先而云惠公元妃孟子此皆正其疆里開其首端因有沿革遂相交互事勢當然非爲濫軼也過此已往可謂狂簡不知所裁者焉又子曰不在其位不謀其政若漢書之立表志其殆侵官離局者乎考其濫觴所出起乎司馬氏按馬記以史制名班書持漢標目史記者載數千年之事無所不容漢書者紀十二帝之時有限斯極固既分遷之記

沈氏以班史以降皆無志故以補陳壽之闕自序甚明不容譏也蕭子顯有志故隋志亦自梁代始

屬詳臧洪陶謙不可謂

判其去取紀傳所存惟留漢日表志所錄乃盡犧年舉一反三豈其若是膠柱調瑟不亦繆歟但固之踳駁既往不諫而後之作者咸習其途宋史則上括魏朝隋書則仰包梁代求其所書之事得十一於千百一成其例莫之敢移永言其理可爲歎息當魏武乘時撥亂電掃羣雄鋒鏑之所交網羅之所及者蓋惟二袁劉呂而已各進鴆行弒燃臍就戮總關王室不涉霸圖而陳壽國志引居傳首夫漢之有董卓猶秦之有趙高昔車令之誅既不列漢史何太師之斃遂獨刊於魏書乎兼復臧洪

言

事同風馬

謁評郭延年評云高紀若不書子嬰沛公何以入關是武成可以捐獨夫也魏書不錄高歡神武何以傳文襄是漢書可以置阿瞞亦是議論

隋志云梁有沈約晉書一百一十一卷亡當子玄之時或猶存殘帙可攷

陶謙劉虞孫讚生於季末自相吞噬其於曹氏也非唯理異犬牙固亦事同風馬漢典所具而魏冊仍編豈非流宕忘歸迷而不悟者也亦有一代之史上下相交若已見他記則無宜重述故子嬰降沛其詳取驗於秦紀伯符死漢其事斷入於吳書沈錄金行上羈劉主魏刊水運下列高王惟蜀與齊各有國史越次而載孰曰攸宜自五胡稱制四海殊宅江左既承正朔斥彼魏胡故氐羌有錄索虜成傳魏本出於雜種竊亦自號眞君其史黨附本朝思欲凌駕前作遂乃南籠典午北吞諸僞比

朝

李延壽仍之尤爲寡識

於羣盜盡入傳中但當有晉元明之時中原秦趙之代元氏膜拜稽首自同臣妾而反列之於傳何厚顏之甚邪又張李諸姓據有涼蜀其於魏也校年則前後不接論地則參商有殊何預魏氏而横加編載夫尚書者七經之冠冕百氏之襟袖凡學者必先精此書次覽羣籍譬夫行不由徑非所聞焉修國史者若旁採異聞用成博物斯則可矣如班書地理志首遂全寫禹貢一篇降爲後書持續前史蓋以水濟水牀上施牀徒有其煩竟無其用豈非惑乎昔春秋諸國賦詩見意左氏所載惟録

三百八十字

馮評妙論

其章名如地理爲書論自古風俗至於夏世宜云禹貢已詳何必重述古文益其辭費也若夷狄本係種落所興北貊起自淳維南蠻出於槃瓠高句麗以鱉橋獲濟吐谷渾因馬鬬徙居諸如此說者求之歷代何書不有而作之者曾不知前撰已著而後修宜輟遂乃百世相傳一字無改盖騈指在手不加力於千鈞附贅居身非廣形於七尺爲史之體有若於斯苟濫引他事豐其部帙以此稱博異乎吾黨之所聞陸士衡有云雖有愛而必捐善哉斯言可謂達作者之致矣夫能明彼斷限定其

盤　衣

子顯諸志特以佳文網羅於前故止紀有齊二十四年中事耳

折中歷選自古惟蕭子顯近諸然必謂都無其累則吾未之許也

編次第十三

昔尚書記言春秋記事以日月爲遠近年世爲前後用使閱之者雁行魚貫皎然可尋至馬遷始錯綜成篇區分類聚班固踵武仍加祖述於其間則有統體不一名目相違朱紫以之混淆冠履於焉顛倒蓋可得而言者矣尋子長之列傳也其所編者惟人而已矣至於龜筴異物不類肖形而輒與黔首同科俱謂之傳不其怪乎且龜筴所記全爲

三百五十三字

謂其全為志體斯實無所詳於彈射

志體向若與八書齊列而定以書名庶幾物得其朋同聲相應者矣孟堅每一姓有傳多附出餘親其事跡尤異者則分入他部故博陸去病昆弟非復一篇外戚元后婦姑分爲二錄至如元王受封於楚至孫戊而亡按其行事所載甚寡而能獨載一卷者實由向歆之助耳但交封漢始地啓列蕃向居劉末職纔卿士昭穆既疎家國又別適使分楚王子孫於高惠之世與荆代並編析劉向父子於元成之間與王京共列方於諸傳不亦類乎又自古王室雖微天命未改故臺名逃債尚曰周王

馮評：聖公作紀亦駭聽聞無已則載記可也

班史律歷志大書更始皇帝於世祖之前後來者或未之審也但不終厥位僅可廁諸編年之歷登於紀首仍於史例非宜耳

君未繫頸且云秦國況神璽在握火德猶存而居攝建年不編平紀之末孺子主祭咸書莽傳之中遂令漢餘數歲湮沒無覩求之正朔不亦厚誣當漢氏之中興也更始升壇改元寒暑三易世祖稱臣北面誠節不虧既而兵敗長安祚歸高邑兄亡弟及歷數相承作者乃抑聖公於傳內登文叔於紀首事等躋僖位先不窋夫東觀秉筆容或諂於當時後來所修理當刊革者也蓋逐兎爭捷瞻烏靡定羣雄僭盜爲我驅除是以史傳所分眞僞有別陳勝項籍見編於高祖之後隗囂孫述不列於

吳志不列劉孫於前豈其於蜀而顧亂其例承祚故有微旨在也

光武之前而陳壽蜀書首標二牧次列先主以繼焉璋豈以蜀是僞朝遂乃不遵恒例但鵬鷃一也何大小之異哉春秋嗣子諒闇未踰年而廢者既不成君故不別加篇目是以魯公十二惡視不預其流及秦之子嬰漢之昌邑咸亦因胡亥而得記附孝昭而獲聞而吳均齊春秋乃以鬱林爲紀事不師古何滋章之甚與觀梁唐二朝撰齊隋兩史東昏猶在而遽列和年煬帝未終而已編恭紀原其意旨豈不以和爲梁主所立恭乃唐氏所承所以黜末元而尊中興顯義寧而隱大業苟欲取悅

沈文進宋書表云本紀列傳繕寫已畢合志表七十卷今謹奏呈所撰諸志須成續上觀此書則宋書固与伯起之體略同而後來刊本妄加汨乱賴子玄斯論得此互證耳

當代遂乃輕侮前朝行之一時庶叶權道播之千載寧爲格言寧一作未尋夫本紀所書資傳乃顯表志異體必不相涉舊史以表志之帙介於紀傳之間降及蔚宗肇加釐革沈魏繼作相與因循既而子顯齊書穎達隋史不依范例重遵班法蓋擇善而行何有遠近聞義不徙是吾憂也若乃先黃老而後六經後外戚而先夷狄老子與韓非並列賈誼將荀或同編孫弘傳讚宜居宣武紀末宗廟迭毀枉入玄成傳中如斯舛謬不可勝紀今略其尤甚者耳故不復一二而詳之

三百七十二字

此獨范之失不容
并責班也
馮評若是歷數非吾
所知

稱謂第十四

孔子曰唯名不可以假人又曰名不正則言不順言不順云云必也正名乎是知名之折中君子所急況復列之篇籍傳之不朽者耶昔夫子修春秋吳楚稱王而仍舊曰子此則褒貶之大體爲前修之楷式也馬遷撰史記項羽僭盜而紀之曰王此則真僞莫分爲後來所惑者也自茲已降詭謬相因名諱所施輕重莫等至如更始中興漢室光武所臣雖事業不成而歷數終在班范二史皆以劉玄爲目不其慢乎古者二國爭盟晉楚並稱侯伯

言不順、鈔本
不重文

馮評本有
統而稱王
可以曰僭須
王又何僭乎

章仟刻

七雄力戰齊秦俱曰帝王其間雖勝負有殊大小不類未聞勢窮者卽爲匹庶力屈者乃成寇賊也至於近古則不然當漢氏云亡天下鼎峙論王道則曹逆而劉順語國祚則魏促而吳長但以地處函夏人傳正朔度長挈大魏實居多二方之於上國亦猶秦繆楚莊與文襄而並覇蜀昭烈主可比秦繆公吳大帝可比楚莊王逮作者之書事也乃沒吳蜀號謚呼權備姓名謂魚豢孫盛等方於魏邦懸隔頓爾懲惡勸善其義安歸續以金行版蕩戎羯稱制各有國家實同王者晉世臣子黨附君親嫉彼亂華比諸群盜此皆

馮評：以此儗人，亦未可謂於倫者矣

馮評：此則然矣，何故獨抑項王

溫評當時定有是稱史臣亦難降貶

苟徇私忿忘夫至公自非坦懷愛憎無以定其得失至蕭方等始存諸國名謚僭帝者皆稱之以王此則趙猶人君加以王號杞用夷禮貶同子爵變通其理事在合宜小道可觀見於蕭氏者矣古者天子廟號祖有功而宗有德始自三代迄于兩漢名實相允今古共傳降及曹氏祖名多濫必無慚德其惟武王故陳壽國志獨呼武曰祖至於文明但稱帝而已自晉已還竊號者非一如康穆兩帝劉蕭二明梁簡文兄弟（兼謂孝元帝也）齊武成昆季（兼言宣孝昭也）斯或承家之僻王或亡國之庸主不謚靈繆爲

不同劉石所謂取己之矛陷我之盾者也

爲

幸巳多猶曰祖宗孰云其可而史臣載削曾無辨明每有所書必存廟號何以申勸沮之義杜渝濫之源者乎又位乃人臣跡參王者如周之亶父季歷晉之仲達師昭追尊建名比諸天子可也必若當塗所出宦官攜養帝號徒加人望不愜故國志所錄無異匹夫應書其人直云皇之祖考而已至如元氏起於邊朔（邊一作沙）其君乃一部之酋長耳道武追崇所及凡二十八君自開闢以來未之有也而魏書序紀襲其虛號生則謂之帝死則謂之崩何異沐猴而冠腐鼠稱璞者矣夫歷觀自古稱謂

馮評廟號何可不存但不當言必稱之耳

不同緣情而作本無定準至若諸侯無謚者戰國巳上謂之今王天子見黜者漢魏巳後謂之少帝周衰有共和之相楚殺有郟敖之主趙佗而曰尉佗英布而曰黥布豪傑則平林新市寇賊則黄巾赤眉園綺友朋共云四皓奮建父子都稱萬石凡此諸名皆出於當代史臣編錄無復弛張盖取叶隨時不藉稽古及後來作者頗慕斯流亦時採新名列成篇題（音第）若王晉之十士寒雋沈宋之二凶索虜即其事也唯魏收遠不師古近非因俗自我作故無所憲章其撰魏書也乃以平陽王爲出帝

司馬氏爲僭晉桓劉已下通曰島夷夫以諂齊則輕抑關右黨魏則深誣江外愛憎出於方寸與奪由其筆端語必不經名惟駭物昔漢世原涉大修墳墓乃開道立表署曰南陽阡欲以繼跡京兆齊聲曹尹而人莫之肯從但云原氏阡而已故知事非允當難以遵行如收之苟立詭名不依故實雖復邗諸竹帛蜀本作形宋本作邗邗古與刊同終靡傳於諷誦也蜀本作罕宋本作靡抑又聞之帝王受命歷數相承雖舊君已沒而致敬無改豈可等之凡庶便書之以名者乎近代文章實同兒戲有天子而稱諱者若姬滿

劉莊之類是也有匹夫而不名者若步兵彭澤之類是也史論立言理當雅正如班述之叙聖卿也而曰董公惟亮范贊之言季孟也止曰隗王得士習談漢主則謂昭烈爲玄德習氏漢晉春秋以蜀爲正統其編目敘事皆謂蜀先主爲昭烈皇帝至於論中語則呼爲玄德裴引魏室則目文帝爲曹丕夫以淫亂之臣忽隱其諱淫謂董賢亂謂隗囂正朔之后反呼其名意好奇而輒爲文逐韻而便作班固哀紀贊曰宛孌董公惟亮天功隗囂公孫述傳贊曰公孫習吏隗王得士用捨之道其例無恒近代爲史通多此失上才猶且若是而况中庸者乎今略舉一隅以存標格云爾

太學生朱本震校

史通卷之四

史通卷第五

唐鳳閣舍人彭城劉子玄撰

内篇

採撰第十五

子曰吾猶及史之闕文是知史文有闕其來尚矣自非博雅君子何以補其遺逸者哉蓋珍裘以衆腋成温廣厦以羣材合構自古探穴藏山之士懷鉛握槧之客何嘗不徵求異說採摭羣言然後能成一家傳諸不朽觀夫丘明授經立傳廣包諸國蓋當時有周志晉乘鄭書楚杌等篇遂乃聚而編

之混成一録向使專憑魯策獨詢孔氏何以能殫
見洽聞若斯之博也馬遷史記採世本國語戰國
策楚漢春秋至班固漢書則全同太史自太初巳
後又雜引劉氏新序說苑七略之辭此皆當代雅
言事無邪僻故能取信一時擅名千載但中古作
者其流日煩雖國有冊書殺青不暇而百家諸子
私存撰録寸有所長實廣聞見其失之者則有苟
出異端虛益新事至如禹生啓石伊產空桑海客
乘查以登漢姮娥竊藥以奔月如斯踳駮不可殫
論固難以汗南董之片簡霑班華之寸札而嵇康

其並　姮

鶚評固矣

高士傳好聚七國寓言玄晏帝王紀多採六經圖讖引書之誤其萌始於此矣至范曄增損東漢一代自謂無慙良直而王喬鳧履出於風俗通左慈羊鳴傳於抱朴子朱紫不別穢莫大焉沈氏著書好誣先代於晉則故造奇說在宋則多出謗言前史所載已譏其謬矣而魏收黨附北朝尤苦〔蜀本作甚宋本作苦〕南國承其詭妄重加誣語遂云司馬叡出於牛金〔王劭沈約晉書造奇說云瑯琊國姓牛者與夏侯妃私通生中宗因遠敘宣帝以毒酒殺牛金符證其狀收因此乃云司馬叡晉將牛金子也宋孝王曰收以叡爲金子計其年全不相干桉前史尚如此誤況後史編錄者耶〕劉駿上淫路氏〔沈約宋書曰孝武於路太后處

按宋書路淑媛傳云上於閨房之內禮敬甚篤有所御幸或留止太后房內故民間諠然咸有醜聲是指孝武欲乱其戚屬則留之太后宫中耳伯起讀之不詳加以烝母之惡豈知路當文帝之時即以年長無寵雖使人倫道盡亦不應有此也

博採雜書李延壽亦同斯累劉氏抉摘痛快若是新唐書輙蹈此覆轍何哉

寢息時人多有議魏書因云駿可謂助桀爲虐幸
烝其母路氏醜聲播於甌越也
人之災尋其生絕胤嗣死遭剖斲盖亦陰過之所
致也晉世雜書諒非一族若語林世說幽明錄搜
神記之徒其所載或詼諧小辨或神鬼怪物其事
非聖揚雄所不觀其言亂神宣尼所不語唐朝所
撰晉史多採以爲書夫以干鄧之所糞除王虞之
所糠粃持爲逸史用補前傳此何異魏朝之撰皇
覽梁世之修遍略務多爲美聚博爲功雖取悅小
人終見嗤於君子矣夫郡國之記譜諜之書務欲
矜其州里誇其氏族讀之者安可不練其得失明

博聚

劉義慶

果

過疑作禍

獨評南北史新唐書俱不免此病

於

史通卷五

四百三十二字

韋疑作偉

其眞僞者乎至如江東五雋始自會稽典錄穎川八龍出於荀氏家傳而修晉漢史者皆徵彼虛譽定爲實錄苟不別加研覈何以詳其是非又訛言難信傳聞多失至如曾參殺人不疑盜嫂翟義不死諸葛猶存此皆得之於行路傳之於衆口儻無明白其誰曰然故蜀相薨於渭濱晉書稱嘔血而死魏君崩於馬圈齊史云中矢而亡沈炯罵書河北以爲王偉魏收草檄關西謂之邢邵夫同說一事而分爲兩家蓋言之者彼此有殊故書之者是非無定況古今路阻視聽壤隔而談者或以前爲

□評此則豈可不核如近世所傳李沆諸事是也

後或以有爲無涇渭一亂莫之能辨而後來穿鑿喜出異同不憑國史別訊流俗及其記事也則有師曠將軒轅並世公明與方朔同時堯有八眉夔唯一足烏白馬角救燕丹而免禍犬吠雞鳴逐劉安以高蹈此之乖濫往往有旃故作者惡道聽途說之違理街談巷議之損實觀夫子長之撰史記也殷周已往採彼家人安國之述陽秋也梁益舊事訪諸故老夫以芻蕘鄙說刊爲竹帛正言而輒欲與五經方駕三志競爽斯亦難矣嗚呼逝者不作冥漠九泉毀譽所加遠誣千載異辭疑事學者

宜善思之

載文第十六

夫觀乎人文以化成天下觀乎國風以察興亡是知文之爲用遠矣大矣若乃宣僖善政其美載於周詩懷襄不道其惡存於楚賦讀者不以吉甫奚斯爲謟屈平宋玉爲謗者何也蓋不虛美不隱惡故也是則文之將史其流一焉固可以方駕南董俱稱良直者矣爰洎中葉文體大變樹理者多以詭妄爲本飾辭者務以淫麗爲宗譬以女工之有綺縠音樂之有鄭衛蓋語曰不作無益害有益至

故作者

瑀评：前四件是後世通弊耳，子玄豈欲設

如史氏所書固當以正爲主是以虞帝思理夏后失邦（一作御）尚書載其元首禽荒之歌鄭莊至孝晉獻不明春秋錄其大隧狐裘之什其理讜而切其文簡而要足以懲惡勸善觀風察俗者矣若馬卿之子虛上林楊雄之甘泉羽獵班固兩都馬融廣成喻過其體詞沒其義繁華而失實流宕而忘返無裨勸獎有長奸詐而前後史漢皆書諸列傳不其謬乎且漢代詞賦雖云虛矯自餘他文大抵猶實至於魏晉已下則譌謬雷同攉而論之其失有五一曰虛設二曰厚顏三曰假手四曰自戾五曰

反

瑀评：入傳之文大約取其辭而已無裨勸獎固非所患

而不載乎抑欲改而從寔
乎吾恐其進退難之矣

一槩何者昔大道爲公以能而授故堯咨爾舜舜以命禹自曹馬已降其取之也則不然若乃上出禪書下陳讓表其間勸進殷勤敦諭重沓跡實同於莽卓言乃類於虞夏且始自納陛迄于登壇彤弓盧矢新君膺九命之錫白馬侯服舊主蒙三恪之禮徒有其文竟無其事此所謂虛設也古者兩軍爲敵二國爭雄自相稱述言無所隱何者國之得喪如日月之食焉非由飾辭矯說所能掩蔽也逮於近古則不然至如曹公歎蜀主之英略曰劉備吾儔周帝美齊宣之强盛云高歡不死或移都

加

以避其鋒或斵氷以防其渡及其申誥誓降移檄便稱其智昏菽麥識昧玄黄列宅建都若鷦鷯之巢蕃臨戎賈勇猶螳螂之拒轍此所謂厚顏也古者國有詔命皆人主所爲故漢光武時第五倫爲督鑄錢掾見詔書而歎曰此聖主也一見決矣至於近古則不然凡有詔勑皆責成羣下但使朝多文士國富辭人肆其筆端何事不錄是以每發璽誥下綸言申惻隱之渥恩叙憂勤之至意其君雖有返道敗德惟頑與暴觀其政令則辛癸不如讀其詔誥則勛華再出此所謂假手也盖天子無戲

返

馮評此是論文無關史道

言苟言之有失則取尤天下故漢光武謂龐萌可以託六尺之孤及聞其叛也乃謝百官曰諸君得無笑朕乎是知褒貶之言哲王所慎至於近古則不然凡百具寮王公卿士始有褒崇則謂其珪璋特達善無可加旋有貶黜則比斗筲下才罪不容責夫同爲一士之行同取一君之言愚智生於倏忽是非變於俄頃帝心不一皇鑒無恒此所謂自戾也夫國有否泰世有汚隆作者形言本無定準故觀猗歟之頌而驗有殷方興覩魚藻之刺而知宗周將殞至於近代則不然夫談主上之聖明則

史通卷之五　十六　徐宿刻

吉　反

君盡三五述宰相之英偉則臣皆二八國止方隅而言弁吞六合福不盈眥而稱感致百靈雖人事屢改而文理無易故善之與惡其說不殊欲令觀者疇爲準的此所謂一槩也於是考茲五失以尋文義雖事皆形似而言必憑虛夫鏤冰爲璧不可得而用也畫地爲餅不可得而食諸是以行之於世則上下相蒙傳之於後則示人不信而世之作者復不之察聚彼虛說編而次之剏自起居成於國史連章疏錄蜀本作畢宋本作疏一字無廢非復史書更成文集若乃歷選衆作求其穢累王沉魚豢是其

恒　也

不云董生李公而稱大夫之三道何也

甚焉裴子野何之元抑其次也陳壽干寶頗從簡約猶時載浮詭未盡機要（未一作周）惟王劭撰齊隋二史其所取也文皆詣實理多可信至於悠悠飾詞皆不之取此實得去邪從正之理捐華摭實之義也蓋山有木工則度之況舉世文章豈無其選但苦作者書之不讀耳至如詩有韋孟諷諫賦有趙壹嫉邪篇則賈誼過秦論則班彪王命張華述箴於女史張載題銘於劍閣諸葛表主以出師王昶書家以誡子劉向谷永之上疏晁錯李固之對策荀伯子之彈文山巨源之啓事此皆言成軌則爲

世龜鏡求諸歷代往往而有苟書之竹帛持以不刊則其文可與三代同風其事可以五經齊列古猶今也何遠近之有哉昔夫子修春秋别是非申黜陟而賊臣逆子懼凡今之爲史而載文也苟能撥浮華採眞實亦可使夫彫蟲小伎者聞義而知徙矣此乃禁淫之隄防持雅之管轄凡爲載削者可不務乎

三百五十三字

補註第十七

昔詩書既成而毛孔立傳傳之時義以訓詁爲主亦猶春秋之傳配經而行也降及中古始名傳曰

注蓋傳者轉也轉授於無窮注者流也流通而靡絶惟此二名其歸一揆如韓戴服鄭鑽仰六經裴李應晉訓解三史開導後學發明先義古今傳授是曰儒宗既而史傳小書人物雜記若趙岐之三輔決錄陳壽之季漢輔臣周處之陽羨士風常璩之華陽士女文言美辭列於章句委曲敘事存於細書此之注釋異夫儒士者矣次有好事之子思廣異聞而才短力微不能自達庶憑驥尾千里絶羣遂乃掇衆史之異詞補前書之所闕若裴松之三國志陸澄劉昭兩漢書劉彤晉紀劉孝標世説

按劭傳撰平賊記三卷
嘗謂此云齊志二字傳寫
誤也

之類是也亦有躬爲史臣手自刊削雖志存該博而才闕倫叙除煩則意有所恡畢載則言有所妨遂乃定彼榛楛列爲子注若蕭大圜淮海亂離志楊衒之洛陽伽藍記宋孝王關東風俗傳王劭齊志之類是也摧其得失求其利害少期集注國志以廣承祚所遺而喜聚異同不加刊定恣其擊難坐長煩蕪觀其書成表獻自比蜜蜂兼採但甘苦不分難以味同萍實者矣陸澄所注班史多引司馬遷之書若乃此缺一言彼增半句皆採摘成注標爲異說有昏耳目難爲披覽（蜀本作搜　宋本作披）竊惟范

駁評妙正
右此

觀此則劉昭并注補范書不獨馬彪之志矣

曄之刪後漢也簡而且周疎而不漏蓋云備矣而劉昭採其所捐以爲補注言盡非要事皆不急譬夫人有吐菓之核棄藥之滓而愚者乃重加捃拾潔以登薦持此爲工多見其無識也孝標善於攻繆博而且精固以察及泉魚辨窮河豕嗟乎以峻之才識足堪遠大而不能探賾彪嶠網羅班馬方復留情於委巷小說銳思於流俗短書可謂勞而無功費而無當者矣自兹已降其失逾甚若蕭楊之璅雜王宋之鄙碎言殊揀金事比雞肋異體同病焉可勝言大抵撰史加注者或因人成事或自

馮評舊本因習十八邑里十九今並宜糾正此聊從陸文裕刻本耳

我作故記錄無限規檢不存難以成一家之格言千載之楷則凡諸作者可不詳之至若鄭玄王肅述五經而各異何休馬融論三傳而競爽欲加商榷其流寔煩斯則義涉儒家言非史氏今並不書於此焉

因習上第十八

蓋聞三王各異禮五帝不同樂故傳稱因俗易貫隨時況史書者記事之言耳夫事有貿遷而言無變革此所謂膠柱而調瑟刻船以求劍也古者諸侯曰薨卿大夫曰卒故左氏傳稱楚鄧曼曰王薨

於行國之福也又鄭子産曰文襄之伯君薨大夫弔卽其證也按夫子修春秋實用斯義而諸國皆卒魯獨稱薨者此略外別內之旨也馬遷史記西伯已下與諸列國王侯凡有薨者同加卒稱此豈略外別内邪何貶薨而書卒也盖著魯史者不謂其邦爲魯國撰周書者不呼其上曰周王如史記者事總古今勢無主客故言及漢祖多爲漢王斯亦未爲累也班氏既分裂史記定名漢書至於述高祖爲公王之時皆不除沛漢之字凡有異方降款者以歸漢爲文肇自班書首爲此失迄于仲豫

君平之稱至今不改又在子孫若書子歲之後豈可与陳涉子孫無證乎

仍踵厥非積習相傳曾無先覺者矣又史記陳涉世家稱其子孫至今血食漢書復有涉傳乃具載遷文按遷之言實孝武之世也固之言今當孝明之世也事出百年語同一理卽如是豈陳氏苗裔祚流東京者乎斯必不然漢書又云嚴君平旣卒蜀人至今稱之皇甫謐全錄斯語載於高士傳夫孟堅士安年代懸隔至今之說豈可同云夫班之習馬其非旣如彼謐之承固其失又如此迷而不悟奚其甚乎何法盛中興書劉隗錄稱其議獄事具刑法志依檢志內了無其說旣而臧氏晉書梁

朝通史於大連之傳並有斯言志亦無文傳乃虛
述此又不精之咎同於玄晏也尋班馬之列傳皆
具編其人姓名如行狀尤相似者則共歸一稱若
刺客日者儒林循吏是也范曄既移題目於傳首
歷姓名於卷中而猶於列傳之下注爲列女高隱
等目苟姓名既書題目又顯是鄧禹寇恂之首當
署爲公輔者矣岑彭吳漢之前當標爲將帥者矣
觸類而長實繁其徒何止列女孝子高隱獨行而
已魏收著書標牓南國桓劉諸族咸曰島夷是則
自江東而盡爲卉服之地至於劉昶沈文秀等傳

爲　則

敘其爵里則不異諸華劉裕等傳皆云丹徒人也沈文秀等傳則云吳興武康人豈有君臣共國父子同姓闔閭季札便致土風之殊孫策虞翻仍成夷夏之隔求諸往例所未聞也當晉宅江淮實膺正朔嫉彼羣雄稱爲僭盜故阮氏七録以田范裴段諸記劉石苻姚等書別刱一名題爲僞史及隋氏受命海内爲家國靡愛憎人無彼我而世有撰隋書之經籍志者其流別羣書還同阮録按國之有僞其來尚矣如杜宇作帝勾踐稱王孫權建鼎峙之業蕭詧爲附庸之主而楊雄撰蜀紀子貢著越絕虞裁江表傳蔡述後

梁史考斯衆作咸是僞書自可類聚相從合成一部何止取東晉一世十有六家而已乎夫王室將崩覇圖云搆必有忠臣義士捐生殉節若乃韋耿謀誅曹武（誅一作討）欽誕問罪馬文而魏晉史臣書之曰賊此乃迫於當世難以直言至如荀濟元瑾蘭摧於李婧之末王謙尉迥玉折於宇文之季而李刊齊史顔述隋篇時無逼畏事須矯枉而皆仍舊不改謂數君爲叛逆書事如此褒貶何施昔漢代有修奏記於其府者遂盜葛龔所作而進之既具錄他文不知改易名姓時人謂之曰作奏雖工宜

評邑里之目頗當

去葛龔及邯鄲氏撰笑林載之以爲口實嗟乎歷觀自古此類尤多其有宜去而不去者豈直葛龔而已何事於斯獨致解頤之誚也凡爲史者苟能識事詳審措辭精密舉一隅以三隅反告諸往而知諸來斯庶幾可以無大過矣

因習下第十九 亦曰邑里

昔五經諸子廣書人物雖氏族可驗而邑里難詳逮太史公始革茲體惟有列傳先述本居至於國有弛張鄉有併省隨時而載用明審實按夏侯孝若撰東方朔贊云朔字曼倩平原厭次人魏建安

中分厭次爲樂陵郡故又爲郡人焉夫以身沒之後地名改易猶復追書其事以示後來則知在生之前故宜詳錄者矣異哉晉氏之有天下也自雒陽蕩覆衣冠南渡江左僑立州縣不存桑梓由是斗牛之野郡有青徐吳越之鄉州編冀豫欲使南北不亂淄澠可分其于繫虛名於本土者雖百代無易既而天長地久文軌大同州郡則廢置無恒名目則古今各異而作者爲人立傳每云某所人也其地皆取舊號施之于今近代史爲王傳云瑯琊臨沂人爲李傳曰隴西成紀人之類也非唯王李二族久離本居亦自當時無此郡縣皆是晉魏已前舊名號欲

求實錄不亦難乎且人無定所因地而化故生於荆者言皆成楚居于晉者齒便從黃涉魏而東已經七葉歷江而北非唯一世而猶以本國爲是此鄉爲非是則孔父里於平昌陰氏家於新野而系纂微子源承管仲乃爲齊宋之人非關魯鄧之士求諸自古其義無闕時修國史予被配纂李義琰傳琰家于魏州昌樂已經三代因云義琰魏州昌樂人也監修者大笑以爲深乖史體遂依李氏舊望改爲隴西成紀人既言不見從故有此說且自世重高門人輕寒族競以姓望所出邑里相矜若仲遠之尋鄭玄先云汝南應劭文舉之對曹操自謂魯國孔融是也爰及近古其言多

四百三十八字

涉魏而東 劉向高祖 須中諱

僞至於碑頌所勒茅土定名虛引他邦冒爲己邑若乃稱袁則飾之陳郡言杜則加之京邑姓卯金者咸曰彭城氏禾女者皆云鉅鹿今有姓邴者姓弘者以犯國諱皆改爲李氏如書其邑里必云隴西趙郡夫以假姓猶且如斯則眞姓者斷可知矣又今西域胡人多有姓明及卑者如加五等爵或稱平原公或號東平子爲明氏出于平原卑氏出于東平故也夫邊夷雜種尚竊美名則諸夏士流固無慚德也在諸史傳多與同風如隋史牛弘傳曰安定鶉觚人也本姓尞氏至於他篇所引皆謂之隴西牛弘唐史謝偃傳云本姓庫汗氏續謂之陳郡謝偃並其類也此乃尋流俗之常談忘著書之舊體矣又近世有班秩不著者始以州壤自標若楚國龔遂漁陽趙壹是也至於名位既隆則不從此列

謝偃非安石之苗

卑畏卑

若蕭何鄧禹賈誼董仲舒是也觀周隋二史每述王庾諸事高楊數公必云瑯琊王褒新野庾信弘農楊素渤海高熲以此成言豈曰省文從而可知也凡此諸失皆由積習相傳寖以成俗迷而不返蓋語曰難與慮始可與樂成夫以千載遵行持爲故事而一朝糾正必驚愚俗此莊生所謂安得妄言之人而與之言斯言已得之矣庶知音君子詳其得失者焉

太學生姚體勤校

史通卷之五

史通卷之六

唐鳳閣舍人彭城劉子玄撰

内篇

言語第二十

蓋樞機之發榮辱之主言之不文行之不遠則知飾詞專對古之所重也夫上古之世人惟朴略言語難曉訓釋方通是以尋理則事簡而意深考文則詞難而義釋若尚書載伊尹立訓皋陶矢謨洛誥康誥牧誓泰誓是也周監於二代郁郁乎文大夫行人尤重詞命語微婉而多切言流靡而不淫

若春秋載呂相絕秦子産獻捷臧孫諫君納鼎魏絳對戮揚干是也戰國虎爭馳說雲湧人持弄丸之辯家挾飛鉗之術劇談者以譎誑爲宗利口者以寓言爲主若史記載蘇秦合從張儀連衡范雎反間以相秦魯連解紛而全趙是也逮漢魏已降周隋而往世皆尚文時無專對運籌畫策自具於章表獻可替否總歸於筆札宰我子貢之道不行蘇秦張儀之業遂廢矣假有忠言切諫荅戲解嘲其可稱者若朱雲折檻以抗憤張綱埋輪而獻直秦宓之酬吳客王融之荅虜使此之小辯曾何足

踴

云是以歷選載言布諸方册自漢已下無足觀焉尋夫戰國已前其言皆可諷詠非但筆削所致良用體質素美何以覈諸至如鶉賁鸜鵒童豎之謠也山木輔車時俗之諺也皤腹棄甲城者之謳也原田是謀輿人之誦也斯皆芻詞鄙句猶能溫潤若此況乎束帶立朝之士加以多聞博古之說者哉則知時人出言史官入記雖有討論潤色終不失其梗槩者也夫三傳之說既不習於尚書兩漢之詞又多違於戰策足以驗甿俗之遞改知歲時之不同而後來作者通無遠識記其當世口語罕

能從實而書方復追效昔人示其稽古是以好丘明者則偏摸左傳愛子長者則全學史公用使周秦言辭見於魏晉之代楚漢應對行乎宋齊之日而僞脩混淹失彼天然今古以之不純眞僞由其相亂故裴少期譏孫盛錄曹公平素之語而全作夫差亡滅之詞雖言似春秋而事殊乖越者矣然自晉咸洛不守龜鼎南遷江左爲禮樂之鄉金陵實圖書之府故其俗猶能語存規檢言喜風流顛沛造次不忘經籍若梁史載高祖在圍中見蕭正德而謂之曰啜其泣矣何嗟及矣湘東王聞世子方等見殺謂其次子方諸曰不有其廢君何以興皆其類也而史臣修

共四百六字

史之不善無過周書

飾無所費功其於中國則不然何者于斯時也先王桒梓翦爲蠻貊被髮左衽充牣神州其中辯若駒支學如郯子有時而遇不可多得而彥鸞脩僞國諸史收弘撰魏周書（收爲魏收弘爲牛弘）必謂彼夷音變成華語等楊由之聽雀如介葛之聞牛斯亦可矣而於其間則有妄益文彩虛加風物援引詩書憲章史漢遂使沮渠乞伏儒雅比於元封拓跋宇文德音同於正始華而失實過莫大焉唯王宋著書敘元高時事（王謂王劭也宋謂宋孝王也劭撰齊志孝王撰關東風俗傳也）抗詞正筆務存直道方言世語由此畢彰而今之學者

皆尤二子以言多滓穢語傷淺俗夫本質如此而推過史臣猶鑑者見嫫母多媸而歸罪於明鏡也又世之議者咸以北朝衆作周史爲工蓋賞其記言之體多同於古故也夫以枉飾虛言都損實事便號以良直師其模楷至如周太祖寳名黑獺魏本索頭故當時有童謠曰狐非狐貉非貉燋梨狗子齧斷索又曰獾獾頭團欒河中狗子破爾菀又西帝下詔罵齊神武數其罪廿諸如此事鄙可棄遺而周史以其事非雅略而不載賴君懋編錄故得權聞於後其事不傳於北齊因而埋沒不盡亦多矣是以董狐南史舉目可求班固華嶠比肩皆是者矣近有燉煌張太素中山郎餘令並稱述者自負史才郎著孝傳張著隋後略凡所

撰人語皆依倣舊辭若選言可以効古而書其難類者則忽而不取料其所棄一作斥可勝紀哉蓋江芊罵商臣曰呼役夫宜君王廢汝而立職漢王怒酈生曰豎儒幾敗乃公事單固謂穉康曰老奴汝死自其分樂廣歎衛玠曰誰家生得寧馨兒斯並當時侮嫚之詞流俗鄙俚之說必播以脣吻傳諸諷誦而世人皆以爲上之二言不失清雅而下之兩句殊爲魯朴者何哉蓋楚漢世隔事已成古魏晉年近言猶類今已古者即謂其文猶今者乃驚其質夫天地久長風俗無恒後之視今亦猶今之

覩昔而作者皆怯書今語勇効昔言不其惑乎苟記事則約附五經載語則依憑三史是春秋之俗戰國之時與兩儀而並存經千載而如一奚以今來古往質文之屢變者哉蓋善爲政者不擇人而理故俗無精麤咸被其化工爲史者不選事而書故言無美惡盡傳于後若事皆不謬言必近眞庶幾可與古人同居何止得其糟粕而已

浮詞第二十一

夫人樞機之發亹亹不窮必有餘音足句爲其始末是以伊惟夫蓋發語之端也焉哉矣兮斷句之

言　其

助也去之則言語不足加之則章句獲全而史之叙事亦有待類此故將述晉靈公厚斂彫牆則且以不君爲稱欲云大司馬安四至九卿而先以巧宦標目所謂說事之端也又書重耳伐原示信而續以一戰而霸文之教也載匈奴爲偶人象郅都令馳射莫能中則云其見憚如此所謂論事之助也昔尼父裁經義在褒貶明如日月特用不刊而史傳所書貴乎博錄而已至於本事之外時寄抑揚此乃得失禀於片言是非由於一句談何容易可不愼歟但近代作者溺於煩富則有發言失中

持

加字不愜遂今後之覽者難以取信蓋史記世家有云趙鞅諸子無恤最賢夫賢者當以仁恕爲先禮讓居本至如僞會鄰國進計行戕俾同氣女兄摩笄引決此則詐而安忍貪而無親鯨鯢是儔犬豕不若焉得謂之賢哉又漢書云蕭何知韓信賢桉賢者處世夷險若一不隕穫於貧賤不充詘於富貴又傳曰知進退存亡者其唯聖人乎如淮陰初在仄微墮業無行後居榮貴滿盈速禍躬爲逆上名隸惡徒周身之防靡聞知足之情安在美其善將呼爲才略則可矣必以賢爲目不其謬乎又

瑪评腐語

瑪评陋譚

齋志今已爲脫誤
難以按勘

云嚴延年精悍敏捷雖子貢冉有通於政事不能
絕也夫以編名酷吏列號屠伯而輒比孔門達者
豈其倫哉且以春秋至漢多歷年所必言貌取人
耳目不接又焉知其才術相類錙銖無爽而云不
能絕乎蓋古之記事也或先經張本或後傳終言
分布雖踈錯綜逾密今之記事也則不然或隔卷
異篇遽相矛盾或連行接句頓成乖角是以齊史
之論魏收良直邪曲三說各異李百藥齊書序論魏收云若使子孫
有靈竊恐未挹高論至收傳論又云足以入相如
之室游尼父之門志存實錄抵訐私於爾朱暢傳
又云收受暢財賄金故爲榮
傳[illegible]是謂三說各異周書之評太祖寬仁

史通卷之六　六

天瑞刻

足

好殺二理不同令狐德棻周書傳稱文帝不害諸元則云太祖天縱寬仁世故知歸命盡種誅夷雖事出權道而用乖於德教是謂二理不同非唯言無準的固亦事成首鼠者矣夫人有一而史辭再三良以好發蕪音不求讜理而言之反覆觀者惑焉亦有開國承家美惡昭露皎如星漢非磨涅所移而輕事塵點曲加粉飾求諸近史此累尤多累一作類如魏書稱登國以鳥名官則云好尚淳朴遠師少皞述道武結婚蕃落則曰招攜荒服追慕漢高自餘所說多類於此按魏氏始興邊朔少識典墳作儷蠻夷抑惟秦晉而鳥官創置豈關郯子之言髦頭而偶奚

假奉春之策奢言無限何甚厚顏文周史稱元行恭因齊滅得回庾信贈其詩曰號亡垂棘滅齊平寶鼎歸陳周弘正來聘在館贈耆舊詩曰德星猶未動真車詎肯來其爲信弘正所重如此夫文以害意自古而然擬非其倫由來尚矣必以庾周所作皆爲實錄則其所褒貶非止一人咸宜取其指歸何止採其四句而已若乃題目不定首尾相違則李伯藥令狐德棻是也齊史李伯藥所撰周史令狐德棻所撰也心挾愛憎詞多出没則魏收牛弘是也魏史魏收所撰周史載元行恭等此本牛弘所撰也斯皆鑒裁非遠智識不周而輕弄筆

端肆情高下故彌縫雖洽而厥跡更彰取惑無知見嗤有識夫詞寡者出一言而已周才蕪者資數句而方浹按左傳稱絳父論甲子隱言於趙孟班書述楚老哭龔生莫識其名氏苟舉斯一事則觸類可知至嵇康皇甫謐撰高士記各爲二叟立傳全採左班之録而其傳詞云二叟隱德容身不求名利避遠亂害安於賤役夫探揣古意而廣足新言（足音子愈反）此猶子建之詠三良延年之歌秋婦至於臨穴涙下閨中長歎雖語多本傳而事無異說蓋鳧脛雖短續之則悲史文雖約增之反累加減

馮評安得以史例詩

鈔本無并敘二字作簡要
隱晦妄飾三條二行八字

前哲皆容易哉昔夫子斷唐虞已下迄於周翦截浮詞撮其機要故帝王之道坦然明白嗟乎自去聖日遠史籍逾多得失是非孰能刊定假有才堪釐革而以人廢言此繞朝所謂勿謂秦無人吾謀適不用者也

敘事第二十二 并序 簡要 隱晦 妄飾

夫史之稱美者以敘事爲先至若書功過記善惡文而不麗質而非野使人味其滋旨懷其德音三復忘疲百遍無斁自非作者曰聖其孰能與於此乎昔聖人之述作也上自堯典下終獲麟是爲屬

詞比事之言疏通知遠之旨子夏曰書之論事也昭昭然若日月之代明楊雄有云說事者莫辨於書說理者莫辨乎春秋然則意複深奧詁訓成義微顯闡幽婉而成章雖殊途異轍亦各有美焉諒以師範億載規模萬古爲述者之冠冕實後來之龜鏡（一作鑑）既而馬遷史記班固漢書繼聖而作抑其次也故世之學者皆先曰五經次云三史故經史之目於此分焉嘗試言之曰經猶日也史猶星也夫杲日流景則列星寢耀桑榆既夕而辰象粲然故史記之文當乎尚書春秋之世也則其言淺

俗涉乎委巷垂翅不舉懘籥無聞逮於戰國已降
去聖彌遠然後能露其鋒穎倜儻不羈故知人才
有殊相去若是校其優劣詎可同年自漢已降幾
千載作者相繼非復一家求其善者蓋亦幾矣夫
班馬執簡既五經之罪人而晉宋殺青又三史之
不若譬夫王霸有別粹駁相懸才難不其甚乎然
則人之著述雖同自一手（自一作出）其間則有善惡不
均精麄非類若史記蘇張蔡澤等傳是其美者至
於三五本紀日者太倉公龜策傳固無所取焉又
漢書之帝紀陳項諸篇是其最也至於淮南王司

馬相如東方朔傳又安足道哉豈繪事以丹素成妍帝京以山水爲助故言媸者其史亦拙事美者其書亦工必時乏異聞世無奇事英雄不作賢儁不生區區碌碌抑惟恒理而責史臣顯其良直之體申其微婉之才蓋亦難矣故揚子有云虞夏之書渾渾爾商書灝灝爾周書噩噩爾下周者其書憔悴乎觀丘明之記事也當桓文作霸晉楚更盟則能飾彼詞句成其文雅及王室大壞事益縱橫則春秋美詞幾乎翳矣觀子長之敘事也自周已往言所不該其文闊略無復體統自秦漢已下條

洎

齊文宣在孕每夜赤光照室及產命之曰侯尼干鮮卑言有相子也

貫有倫則煥炳可觀有足稱者至若荀悅漢紀其才盡於十帝陳壽魏書其美窮於三祖觸類而長他皆若斯夫識寶者稀知音蓋寡近有裴子野宋略王劭齊志此二家者並長於敘事無愧古人而世人議者皆雷同譽裴而共詆王氏夫江左事雅裴筆所以專工中原跡穢王文由其屢鄙且幾原務飾虛詞君懋志存實錄此美惡所以爲異也設使丘明重出子長再生記言於賀六渾之朝書事於侯尼干之代將恐輟毫栖牘無所施其德音而作者安可以今方古一概而論得失夫敘事之體

許德刻

其流甚多非復片言所能覼縷今輒區分類聚定
爲三篇列之于下 敘事篇序
夫國史之美者以敘事爲工而敘事之工者以簡
要爲主簡之時義大矣哉歷觀自古作者權輿尚
書發蹤所載務於寡事春秋變體其言貴於省文
斯蓋澆淳殊致前後異跡然則文約而事豐此述
作之尤美者也始自兩漢迄乎三國國史之文日
傷煩富逮晉已降流宕逾遠必尋其冗句摘其煩
詞一行之間必謬增數字尺紙之内恒虛費數行
夫聚蚊成雷羣輕折軸況於章句不節言詞莫限

故 必 言既

載之兼兩曷足道哉盖敘事之體其别有四有直紀其才行者有唯書其事跡者有因言語而可知者有假讚論而自見者至如古文尚書稱帝堯之德摽以允恭克讓春秋左傳言子太叔之狀目以美秀而文所稱如此更無他說所謂直紀其才行者又如左氏載申生爲驪姬所譖自縊而亡班史稱紀信爲項籍所圍代君而死此則不言其節操而忠孝自彰所謂唯書其事跡者又如尚書稱武王之罪紂也其誓曰焚炙忠良刳剔孕婦左傳記隨會之論楚也其詞曰蓽輅藍縷以啓山林此則

才行事跡莫不闕如而言有關涉事便顯露所謂因言語而可知者又如史記衛青傳後太史公曰蘇建嘗責大將軍不薦賢待士漢書孝文紀末其讚曰吳王詐病不朝賜以几杖此則紀之與傳並所不書而史臣發言別出其事所謂假讚論而自見者然則才行事跡言語讚論凡此四者皆不相須若兼而畢書則其費尤廣近史紀傳欲言人居哀毀損則先云至性純孝欲言人晝夜觀書則先云篤志好學欲言人赴敵不顧則先云武藝絕倫欲言人下筆成篇則先云文章敏速此則既述才行又彰事跡也如穀梁傳曰驪姬以酖為酒藥脯以毒獻公田園來驪姬曰世子以祀故致福於君將食已驪姬跪曰食自外來者不可不識也覆酒於地而地賁以脯與

君

犬犬斃驪姬下堂而啼曰天乎天乎國君之國子之國也子何遲於國為君又禮記云晉將伐宋使覘之見陽門之介夫死子罕哭之甚哀歸而語人曰陽門之介夫死子罕哭之甚哀不可伐也此則既載事跡又載言語也又近代諸史人有行事美惡者皆已具其紀傳中續以贊論重述前事此則近有事跡紀傳已書贊論又載公梁傳新序說苑戰國策楚漢春秋史記迄于皇家所撰五代史皆有之但自古經史通多此類能獲免者蓋十無一二唯左丘明裴子野王劭無此也又敘事之省其流有二焉一曰省句二曰省字左傳宋華耦來盟稱其先人得罪於宋魯人以為敏夫以鈍者稱敏魯人謂鈍人也禮記中已有註解則明賢達所嗤此為省句也春秋經曰隕石於宋五夫聞之隕視之石數之五加以一字太詳減其

有脫文

容居魯人也

馮评漢書蒼傳云蒼免相後口中無齒食乳并無年老字史記云蒼之免相後老口中無齒亦無年字未知子玄何據

一字太略求諸折中簡要合理此爲省字也其反於是者若公羊稱郤克眇季孫行父禿孫良夫跛齊使跛者逆跛者禿者逆禿者眇者逆眇者蓋宜除跛者已下字但云各以其類逆者必事皆再述則於文殊費此爲煩句也漢書張蒼傳云年老口中無齒蓋於此一句之內去年及口中可矣夫此六文成句而三字妄加此爲煩字也然則省句爲易省字爲難洞識此心始可言史矣若句盡餘賸字皆重複史之煩蕪職由於此蓋餌巨魚者垂其千鈞而得之在於一筌捕高鳥者張其萬罝而獲

有

馮评今本公羊傳文不如此

馮评恐亦未免武斷

於

四百六十九字

之由於一目夫敘事者或虛益散辭廣加閑說必取其所要不過一言一句耳苟能同夫獵者漁者既執而罝釣必收其所留者唯一筌一目而已則庶幾駢胝盡去而塵垢都損華逝而實存滓去而瀋在矣嗟乎能損之又損而玄之又玄輪扁所不能語斤伊摯所不能言鼎也

右簡要

夫飾言者爲文編文者爲句句積而章立章積而篇成蜀本篇下有目字宋本無篇目既分而一家之言備矣古者行人出境以詞令爲宗大夫應對以言文爲主況乎列以章句刊之竹帛安可不勵精雕飾傳諸

三一作片

諷誦者哉自聖賢述作是曰經典句皆韶夏言盡
琳琅秩秩德音洋洋盈耳譬夫游滄海者徒驚其
浩曠登太山者但嗟其峻極必摘以尤最不知何
者爲先然章句之言有顯有晦顯也者繁詞縟說
理盡於篇中晦也者省字約文事溢於句外然則
晦之將顯優劣不同較可知矣夫能略小存大舉
重明輕一言而巨細咸該三語而洪纖靡漏此皆
用晦之道也昔古文義務卻浮詞虞書云帝乃殂
落百姓如喪考妣夏書云啓呱呱而泣予不子周
書稱前徒倒戈血流漂杵虞書云四罪而天下咸

袟

服此皆文如闊略而語實周贍故覽之者初疑其易而爲之者方覺其難固非雕蟲小技所能斥非其說也既而丘明授經師範尼父夫經以數字包義而傳以一句成言雖繁約有殊而隱晦無異故其綱紀而言邦俗也則有士會爲政晉國之盜奔秦邢遷如歸衛國忘亡其敘曲而言人事也則有使婦人飲之酒以犀革裹之比及宋手足皆見援廟桷動於甍師人多寒王撫而總之三軍之士皆如挾纊斯皆言近而旨遠辭淺而義深雖發語已殫而含意未盡使夫讀者望表而知裏捫毛而辨

骨觀一事於句中反三隅於字外晦之時義不亦大哉洎班馬二史雖多謝五經必求其所長亦時值斯語至若高祖亡蕭何如失左右手漢兵敗績睢水爲之不流董生乘馬三年不知牝牡翟公之門可張雀羅則其例也自兹已降史道陵夷作者蕪音累句雲蒸泉湧其爲文也大抵編字不隻捶句皆雙脩短取均奇偶相配故應以一言蔽者輒足爲二言應以三句成文者必分爲四句彌漫重沓不知所裁是以承祚受責於少期魏志鄧哀王傳曰容貌姿美裴松之注云容貌之言而分以爲三亦叙事之屬一病也子昇取譏於君懋

一名奇字

王劭齊志曰時議恨邢子才不得掌與魏之書悵怏溫子昇亦若此而撰永安記率是六言非不幸也蓋作者言雖簡略理皆要害故能踈而不遺儉而無闕譬如用奇兵者持一當百能全克敵之功也若才乏儁穎思多昏滯費詞既甚敘事纔周亦猶售鐵錢者以兩當一方成貿遷之價也然則史漢已前省要如彼國晉已降國謂三國志也晉謂晉書也煩碎如此必定其妍媸甄其善惡夫讀古史者明其章句皆可詠歌觀近史者悅其緒言悅一作得直求事意而已是則一貴一賤不言可知無假權揚而其理自見矣右隱晦

昔文章既作比興由生鳥獸以媲賢愚草木以方男女詩人騷客言之備矣洎乎中代世一作其體稍殊或擬人必以其倫或述事多比於古當漢氏之臨天下也君實稱帝理異殷周子乃封王名非魯衛而作者猶謂帝家爲王室公輔爲王臣盤石加建侯之言帶河申俾侯之稱而史臣撰錄亦同彼文章假託古詞翻易今語潤色之濫萌於此矣降及近古彌見其甚至如諸子短書雜家小說論逆臣則呼爲問鼎稱巨寇則目以長鯨邦國初基皆云草昧帝王兆跡必號龍飛斯並理兼諷諭言非

指斥興乎游夏，措詞南董顯書之義也。如魏收代史，吴均齊錄，或牢籠一世，或苞舉一家，自可申不刊之格言，弘至公之正說。而收稱劉氏納貢，則曰來獻百牢；均敘元日臨軒，必云朝會萬國。夫以吴徵魯賦，禹計塗山，持彼往事，用爲今說，置於文章則可，施於簡冊則否矣。亦有方以類聚，譬諸昔人，如王隱稱諸葛亮挑戰，冀獲曹咎之利；崔鴻稱慕容冲見幸，爲有龍陽之姿（龍陽事見戰國策）。其事相符，言之讜矣。而盧思道稱邢邵喪子不慟，自東門吴已來（東門吴事見戰國策），未之有也；李百藥稱王琳雅得人心，雖李將軍恂恂善誘無以加也斯則虛引古事妄足庸音苟矜其學必辨而非當者矣昔禮記檀弓工言物始夫自我作故首刱新儀前史所刊後來取證是以漢初立轎子長所書魯始爲髽丘明是記河橋可作元凱取驗於毛詩男子有笄伯支遠徵於内則即其事也按裴景仁秦記稱苻堅方食撫盤而詬王邵齊志述受紇洛干感恩脫帽而謝及彥鸞撰以新史重規刪其舊録乃易撫盤以推案變脫帽爲免冠夫近世通無案食胡俗不施冠冕直以事不類古改從雅言欲令學者何以考時

俗之不同察古今之有異又自雜種稱制充牣神州事異諸華言多孔醜至如翼犍魏道武所諱黑獺周文本名而伯起革以他語德棻闕而不載蓋龐降蒯聵字之媸也重耳黑臀名之鄙也舊事列以三史傳諸五經未聞後進談講別加刊定況愁山定犢彰於載識杜臺卿齊記載識云首牛入西谷逆犢上齊丘也河邊之狗著於謠詠王劭齊志載謠羅羅頭團團河中狗子破爾苑也明如日月難爲蓋藏此而不書何以示後亦有氏姓本複咸省從單或去萬而留千或存扶而除厚求諸自古罕聞茲例昔夫子有云文勝質則史故知史之爲

務必藉於文自五經已降三史而往以文叙事可得言焉而今之所作有異於是其立言也或虛加練飾輕事彫彩或體兼賦頌詞類俳優文非文史非史譬夫烏孫造室雜以漢儀而刻鵠不成反類於鶩者也　右妄飾

太學生姚體文校

史通卷之六

馮評 此篇議論多確鑿緣班史多瑕

史通卷之七

唐鳳閣舍人彭城劉子玄撰

内篇

品藻第二十三

蓋聞方以類聚物以羣分薰蕕不同器梟鸞不比翼若乃商臣冒頓南蠻北狄萬里之殊也伊尹霍光殷年漢日千載之隔也而世之稱悖逆則云商冒論忠順則曰伊霍者何哉蓋厥跡相符則雖隔越爲偶奚必差形步武方稱連類者乎史氏自遷固作傳始以品彙相從然其中或以年世迫促或

肩樓

張評董卓未可稱英雄

以人物寡鮮求其具體必同不可多得是以韓非老子共在一篇董卓袁紹無聞二錄豈非韓老俱稱述者書有子名袁董並曰英雄生當漢末用此爲斷粗得其倫亦有厥類衆夥宜爲流別而不能定其同科申其異品用使蘭艾相雜朱紫不分是誰之過歟蓋史官之責也官一作者按班書古今人表仰包億載旁貫百家分之以三科定之以九等其言甚高其義甚愜及至篇中所列奚不類於其敘哉若孔門達者顏稱殆庶至於他子難爲等衰一作差今乃先伯牛而後曾參進仲弓而退冉有伯牛仲弓

（並在第一等曾參冉有並在第三等也）求諸折中厥理無聞又楚王過鄧（過一作如）三甥欲殺之（聃甥騅甥養甥）鄧侯不許卒亡鄧國今定鄧侯入下愚之上（即第七等）夫寧人負我爲善獲戾持此致尤將何勸善如謂小不忍亂大謀失於用權故加其罪是則三甥見幾而作決在未萌自可高立標格（可一作當）賓諸雲漢何得止與鄧侯鄰伍列在中庸下流而已哉（三甥皆在第六等）又其敘晉文之臣佐也舟之僑爲上陽處父次之士會爲下（舟之僑在第三等陽處父在第四等士會在第五等）其述燕丹之賓客也高漸離居首荊軻亞之秦武陽居末（高漸離在第五等荊軻在第六等秦

此評妙論

自傳絲弈已有此論

武陽在斯第七等並是非瞀亂善惡紛拏或珍瓴甋而賤璠璵或策駑駘而捨騏驥以玆爲監欲誰欺乎又江充息夫躬讒諂惑上使禍延儲后毒及忠良論其奸凶過於石顯遠矣而固叙之不列佞幸楊王孫裸葬悖禮狂狷之徒考其一生更無他事而與朱雲同列仍冠之傳首不其穢歟若乃旁求別錄側窺雜傳諸如此繆其累實多按劉向列女傳載魯之秋胡妻者尋其始末了無才行可稱直以怨懟厥夫投川而死輕生同於古冶殉節異於曹娥此乃凶險之頑人强梁之悍婦輒與貞烈爲伍有

謬

陽瓚乃無他事跡仍舊編耳

僧珍起於寒賤歷朝驅使位終列卿既無

乖其實者焉又嵇康高士傳其所載者廣矣而顏回蘧瑗獨不見書蓋以二子雖樂道遺榮安貧守志而拘忌名教未免流俗也正如董仲舒楊子雲亦鑽仰四科驅馳六籍漸孔門之教義服魯國之儒風與此何殊而並可甄錄夫回瑗是棄而楊董獲升可謂識二五而不知十者也爰及近代史臣所書求其乖失亦往往而有借如陽瓚効節邊城捐軀死敵當有宋之代抑劉卜之徒歟（劉謂劉康祖卜謂卜天與）而沈氏竟不別加標牓唯寄編於索虜篇內紀僧珍砥節礪行終始無瑕而蕭氏乃與羣小混書

陸本刻

勳績又所闕不過書題其文采未足自通於後不入恩幸將何所附豈必待其作過耶

都以恩幸爲目王頍文章不足武藝居多躬詰戚藩首階逆亂撰隋史者如不能與梟感並列隋世皆謂楊玄感爲梟感卽宜附出楊諒傳中輒與詞人共編隋書列王頍在文苑傳也吉士爲伍凡斯纂錄豈其類乎子曰以貌取人失之子羽以言取人失之宰予光武則受誆於龐萌曹公則見欺於張邈列在方書惟善與惡昭然可見不假許郭之深鑒裴王之妙譽而作者存諸簡牘不能使善惡區分故曰誰之過歟史官之責也夫能申藻鏡區別流品使小人君子臭味得明上智中庸等差有敘則懲惡勸善永肅將來

脫四字
一作行由小人非

激濁揚清鬱爲不朽者矣

直言第二十四

夫人稟五常士兼百行邪正有別曲直不同若邪曲者人之所賤而小人之道也正直者人之所貴而君子之德也然世多趨邪而棄正不踐君子之跡而行由小人者何哉語曰直如弦死道邊曲如鉤反封侯故能順從以保吉不違忤以受害也況史之爲務申以勸誡樹之風聲其有賊臣逆子淫君亂主苟直書其事不掩其瑕則穢跡彰於一朝惡名被於千載言之若是吁可畏乎夫爲於

可爲之時則從爲於不可爲之時則凶如董狐之書法不隱趙盾之爲法受屈彼我無忤行之不疑然後能成其良直擅名今古至若齊史之書崔弒馬遷之述漢非韋昭仗正於吳朝崔浩犯諱於魏國或身膏斧鉞取笑於當時或書塡坑窖無聞於後代夫世事如此而責史臣不能申其強項之風勵其匪躬之節蓋亦難矣是以張儼發憤私存嘿記之文孫盛不平竊撰遼東之本以茲避禍幸獲兩全是以驗世途之多隘知實錄之難遇耳然則歷考前史徵諸直詞雖古人糟粕眞僞相亂而披

三百五十八字

承祚之書法則猶有春秋之遺爲咸濟犯蹕初非略削但於語表中著之使不沒其實可美其固有□仰也

一無者字

沙揀金有時獲寶按金行在曆史氏尤多當宣景開基之始曹馬搆紛之際或列營渭曲見屈武侯或發仗雲臺取傷成濟陳壽王隱咸杜口而無言干寶虞預各栖毫而靡述至習鑿齒乃申以死葛走生達之說抽戈犯蹕之言歷代厚誣一朝始雪考斯人之書事蓋近古之遺直者歟次有宋孝王風俗傳王劭齊志其叙述當時亦務在審實按于時河朔王公箕裘未隕鄴城將相薪構仍存而二子書其所諱曾無憚色剛亦不吐其斯之謂歟蓋烈士殉名壯夫重氣寧爲蘭摧玉折不爲瓦礫長

如

存若南董之仗氣直書不避强禦韋崔之肆情奮筆無所阿容雖周身之防有所不足而遺芳餘烈人到于今稱之與夫王沉魏書假回邪以竊位董統燕史持諂媚以偷榮貫三光而洞九泉曾未足喻其高下也

曲筆第二十五

肇有人倫是稱家國父父子子君君臣臣親踈既辨等差有別蓋子爲父隱直在其中論語之順也略外別內掩惡揚善春秋之義也自兹已降率由舊章史氏有事涉君親必言多隱諱雖直道不足

而名教存焉其有舞詞弄札飾非文過若王隱虞
預毀辱相凌子野休文釋紛相謝用捨由乎臆說
威福行於筆端斯乃作者之醜行人倫所同疾也
亦有事每憑虛詞多烏有或假人之美藉爲私惠
或誣人之惡持報己讎若王沈魏錄濫述貶甄之
詔陸機晉史虛張拒葛之鋒班固受金而始書陳
壽借米而方傳此又記言之奸賊載筆之凶人雖
肆諸市朝投畀豺虎可也然則史之不直代有其
書苟其事已彰則今無所取其有往賢之所未察
來者之所不知今略廣異聞用標先覺按後漢書

謝

之一作其

升字以升傳寫之誤

從何而書一作將何以書

更始傳稱其懦弱也其初即位南面立朝羣臣羞愧流汗刮席不敢視夫以聖公身在微賤已能結客報仇讎一作避難綠林名爲豪傑安有貴爲人主而反至於斯者乎將作者曲筆阿時獨成光武之美諛言媚主用雪伯升之怨也且中興之史出於東觀或明帝所定或馬后攸刊而炎祚靈長簡書莫改遂使他姓追撰空傳僞錄者矣陳氏國志劉後主傳云蜀無史職故災祥靡聞案黃氣見於秭歸羣烏墮於江水成都言有景星出益州言無宰相氣若史官不置此事從何而書蓋由父辱受髡

皇

夫史之曲筆誣書不過
三語其負罪爲失已多而
魏收雜以寓言殆將過半
固知倉頡以降罕見其流
而李氏齊書稱爲實錄
者何也蓋以重規亡考未
達伯起以公輔相加字出
大名重同元歎既無德不
報兹以虛美相酬然必謂
昭公知禮吾不信也語曰明其爲
賊敵乃可服如王劭之抗詞不
撓可以方駕古人而魏收持論
激揚稱其有慚正直夫不彰
其罪而輕肆其誅此所謂
兵起無名難爲制勝者尋此
論之作蓋由君懋書法妄隱
取名當時或有假手史臣
以復私門之恥不然何惡
直醜正盜憎主人之甚乎

故加兹謗議者也古者諸侯並爭勝負無恒而他
善必稱已惡不諱遠乎近世無聞至公國自稱爲
我長家相謂爲彼短而魏收以元氏出於邊裔見
侮諸華遂高自標舉比桒乾於姬漢之國曲加排
抑同建業於蠻貊之邦夫以敵國相讎交兵結怨
載諸移檄用可致誣列諸緗素難爲妄說苟未達
此義安可言於史耶蓋霜雪交下始見貞松之操
國家喪亂方驗忠臣之節若漢末之董承耿紀晉
初之諸葛毌丘（毌音貫）齊興而有劉康袁粲周滅而
有王謙尉迥斯皆破家殉國視死猶生而歷代諸

此數行錯
誤於後緊
識藺內今
從馮本改
正　古

史皆書之曰逆將何以激揚名教以勸事君者乎古之書事也令賊臣逆子懼今之書事也使忠臣義士羞若使南董有靈必切齒於九泉之下矣自梁陳已降隋周而往諸史皆貞觀年中羣公所撰近古易悉情僞可求至如朝廷貴臣必父祖有傳考其行事皆子孫所爲而訪彼流俗詢諸故老事有不同言多爽實昔秦人不死驗符生之厚誣蜀老猶存知葛亮之多枉斯則自古所歎豈獨於今哉蓋史之爲用也記功司過彰善癉惡得失一朝榮辱千載苟違斯法豈曰能官但古來唯聞以直

筆見誅不聞以曲詞獲罪是以隱侯宋書多妄。蕭武知而勿尤。伯起魏史不平。齊宣覽而無譴。故令史臣得愛憎由已高下在心進不憚於公憲退無媿於私室欲求實錄不亦難乎嗚呼此亦有國家者所宜懲革也

鑒識第二十六

夫人識有通塞神有晦明毀譽以之不同愛憎由其各異蓋三王之受謗也。值魯連而獲申。五霸之擅名也。逢孔宣而見詆。斯則物有恒準而鑒無定識欲求銓覈得中其惟千載一遇乎況史傳爲文

蜀評體應作本

淵藩廣博學者苟不能探賾索隱致遠鉤深烏足以辨其利害明其善惡觀左氏之書爲傳之最而時經漢魏竟不列於學官儒者皆折此一家而盛推二傳夫以丘明躬爲魯史受經仲尼語世則並生論才則同耻（蜀本作體　宋本作耻）彼二家者師孔氏之弟子預達者之門人才識體殊年代又隔安得持彼傳說比兹親受者乎加以二傳理有乖僻言多鄙野方諸左氏不可同年故知膏肓墨守乃腐儒之妄述賣餅太官誠智士之明鑒也遠史漢繼作踵武相承王充著書旣甲班而乙馬張輔持論又劣

焉

軌思齊國子博士治毛詩不載其兼精漢學

固而優遷王充謂彪文義浹備紀事詳贍觀者以爲甲以太史公爲乙也張輔名士優劣論曰世人論司馬遷班固之才優劣多以班爲勝余以爲失遷敘三千年事五十萬言班固二百年事八十萬言煩省不敵固之不如必矣然此二書雖互有修短遞聞得失而大抵同風可爲連類張晏云遷歿後亡龜策日者傳褚先生補其所缺言詞鄙陋非遷本意桉遷所撰五帝本紀七十列傳稱虞舜見阨遂匿空而出宣尼既殂門人推奉有若其言之鄙又甚於兹安得獨罪褚生而全宗馬氏也劉軌思商搉漢史雅重班才唯譏其本紀不列少帝而輒編高后桉弘非劉氏而竊養漢宮時天下無主呂宗稱

史通卷之七　九

世清刻

爲

同蜀本作劇

制故僣其歲月寄以編年而埜雞行事自具外戚
譬夫成爲孺子史刊攝正之年厲亡流彘厯紀共
和之日而周邵二公各世家有傳班氏式遵曩例
殊合事宜豈謂雖濬發於巧心反受嗤於拙目也
劉祥撰宋書序錄歷説諸家晉史其略云法盛中
興荒拙少氣王隱徐廣淪溺窒華夫史之敘事也
當辨而不華質而不俚其文直其事覈（核一作）若斯
而已可矣必令同文舉之含異等公幹之有逸如
子雲之含章類長卿之飛藻此乃綺揚繡合彫章
縟綵欲稱實錄其可得乎以此詆訶知其妄施彈

射矣天史之曲筆蕪書蜀本作僞宋本作蕪不過一二語其負罪爲失已多而魏收雜以寓言殆將過半固以知倉頡已降罕見其流而李氏齊書稱爲實錄者何也蓋以重規亡考未達伯起以公輔相加字出大名事同元歎旣無德不報故以虛美相酬然必謂昭公知禮吾不信也語曰明其爲賊敵乃可服如王邵之抗詞不撓可以方駕古人而魏收持論激揚稱其有慚正直夫不彰其罪而輕肆其誅此所謂兵起無名難爲制勝者尋此論之作蓋由君懋書法不隱取咎當時或有假手史臣以復私門

之耻不然何惡直醜正盜憎主人之甚乎夫人廢興時也窮達命也而書之爲用亦復如是蓋尚書古文六經之冠冕也春秋左氏三傳之雄霸也而自秦至晉年踰五百其書隱没不行於世既而梅氏寫獻杜侯訓釋然後見重一時擅名千古乃老經撰於周目莊子成於楚年遭文景而始傳值嵇阮而方貴若斯流者可勝紀哉故曰廢興時也窮達命也適使時無識寶世鈌知音若論衡之未遇伯喈太玄之不逢平子逝將煙燼火滅泥沉雨絕安有殁而不朽揚名於後世者乎

三百七十八字

攗毐 許懼 見呂氏春秋 因之𦊼辭未知所出

探賾第二十七

古之述者豈徒然哉或以取捨難明或以是非相亂由是書編典誥宣父辨其流詩列風雅卜商通其義夫前哲所作後來是觀苟失其指歸則難以傳授而或有妄生穿鑿輕究本源是乖作者之深旨誤生人之後學其爲謬也不亦甚乎昔夫子之作魯史學者以爲感麟而作按子思有云吾祖厄於陳蔡夫以彼聿脩傳諸貽厥欲求實錄難爲爽誤事則義包微婉因攗毐而𦊼詞時逢西狩乃泣麟而絕筆儒者徒知其一而未知其二以爲自反

世清刻

謬 刊 是

袂拭面稱吾道窮然後追論五始定名三叛此豈非獨學無友孤陋寡聞之所致邪孫盛稱左氏春秋書吳楚則略荀悅漢紀述匈奴則簡蓋所以賤夷狄而貴諸夏也按春秋之時諸國錯峙關梁不通史官所書罕能周悉異乎炎漢之世四海一家馬遷乘傳以求自古遺文而州郡上計皆先集太史若斯之備也況彼吳楚者僻居南裔地隔江山去彼魯邦尤爲迂闊丘明所錄安能備諸且必以蠻夷而固略也若駒支預於晉會長狄埋於魯門葛盧之辨牛鳴郯子之知鳥職斯皆邊隅小國人

品最微猶復收其瑣事見於方冊安有主盟上國
勢迫宗周爭長諸華威陵强晉而可遺之者哉又
荀氏著書抄撮班史其取事也中外一槩夷夏皆
均非是獨簡胡鄉蜀本作略宋本作簡而偏詳漢室盛既疑
丘明之擯吳楚遂誣仲豫之抑匈奴可謂强奏庸
音特爲足曲者也蓋明月之珠不能無瑕夜光之
璧不能無纇故作者著書或有病累而後生不能
詆訶其過又更文飾其非遂推而廣之强爲其說
者蓋亦多矣如葛洪有云司馬遷發憤作史記百
三十篇伯夷居列傳之首以爲善而無報也項羽

考 考

同蜀本作簡

列於本紀以爲居高位者非關有德也按史之於書也有其事則記無其事則闕尋遷之馳騖今古上下數千載春秋已往得其遺事者蓋惟首陽山之二子而已然適使夷齊生於秦氏死於漢日而乃升諸傳首。庸謂有情。今者考其先後隨而編次。斯則理之常也。烏可怪乎。必謂子長以善而無報推爲傳始若伍子胥大夫種孟軻墨翟賈誼屈原之徒或行仁而不遇或盡忠而受戮何不求其品類同在一科而乃異其篇目各爲數卷也又遷之紕繆其流甚多夫陳勝之爲世家既云無據項羽

三百八十四字

所　世　恒　校訖

之稱本紀何必有憑必謂遭彼腐刑怨刺孝武故
書違凡例志存激切若先黃老而後六經進姦雄
而退處士此之乖刺復何爲乎隋內史李德林著
論稱陳壽蜀人其撰國志黨蜀而抑魏刊之國史
以爲格言桉曹公之創王業也賊殺毋后幽逼主
上罪百田常禍千王莽文帝臨戎不武爲國好奢
忍害賢良疎忌骨肉而壽評皆依違其事無所措
言劉主地居漢宗仗順而起夷險不撓終始無瑕
方諸帝王。可比少康光武。譬以侯伯。宜輩秦繆楚
莊。而壽評抑其所長攻其所短是則以魏爲正朔

踈魏親蜀識亦有之
但不如德林所說耳

之國典午攸承蜀乃僭僞之君中朝所嫉故曲稱曹美而虛說劉非安有背曹而向劉踈魏而親蜀也。陳壽上書諸葛亮集云陛下邁蹤古聖蕩然無忌故雖誹謗之言咸肆其辭而無所革也夫無其文而有其說不亦憑虛亡是者耶習鑿齒之撰漢晉春秋以劉爲僞國者此蓋定邪正之途明逆順之理爾而檀道鸞稱其當桓氏執政故撰此書欲以絕彼瞻烏防兹逐鹿歷觀古之學士爲文以諷其上者多矣若齊倫失德豪士於焉作賦賈后無道女史由其獻箴斯皆短什小篇可率爾而就也安有變三國之體統改五行之正朔勒

孔子成春秋而亂臣賊
子懼史之為用如是
也何獨於道聽焉之
論而疑之

成一史傳諸千載而藉其權以濟物取誠當時豈
非勞而無功博而非要與夫班彪王命一何異乎
求之人情理不當爾自二京版蕩五胡稱制崔鴻
鳩諸僞史聚成春秋其所列者十有六家而已魏
收云鴻世仕江左故不錄司馬劉蕭之書又恐識
者尤之未敢出行於外按于時中原乏主海內橫
流逖彼東南更爲正朔適使素王再出南史重生
終不能別有異同忤非其議安得以僞書無錄而
猶罪歸彥鸞者乎且必以崔氏祖宦吳朝故情私
南國必如是則其先徙居廣固委質慕容何得書

彼南燕而與羣胡並列愛憎之道豈若是邪且觀鴻書之紀綱皆以晉爲主亦猶班書之載吴項必繫漢年陳志之述孫劉皆宗魏世何止獨遺其事不取其書而已哉但伯起躬爲魏史傳列島夷不欲使中國著書推崇江表所以輒假言崔志用紓魏羞且東晉之書宋齊之史考其所載幾三百篇而僞邦墳籍僅盈百卷若使收矯鴻之失南北混書斯則四分有三事歸江外非惟肥瘠非類衆寡不均兼以東南國史皆須紀傳區别兹又體統不純難爲編次者矣收之矯妄其可盡言乎於是考

衆家之異說參作者之本意或出自胷懷枉申探賾或妄加向背輒有異同而流俗腐儒後來末學習其狂猾成其詿誤自謂見所未見聞所未聞銘諸舌端以爲口實惟智者不惑無所疑焉

都察院都事陸郯校

史通卷之七

蜀本第五卷第七卷皆有錯誤此本於第五卷已刊正惟此曲
筆篇中十一行誤在鑒識篇中賴得馮氏閱本正之後有重刻
史通者可取徵也　康熙丙戌中秋焯識
後見萬曆中郭氏刊本已正其遺錯書固須遍觀也　癸巳冬至又識

曲筆鑒識二篇並無錯簡馮氏閱本萬曆所刻
皆誤而何氏跋語尚失之顛黄門云校定書籍
亦胡容易洵然
道光癸未觀於
揚州潘氏之績學并記
六月百思適居士顧千里

史通卷第八

唐鳳閣舍人彭城劉子玄撰

内篇

摸擬第二十八

夫述者相效自古而然故列禦寇之言理也則憑李叟揚子雲之草玄也全師孔公符朗則比蹟於莊周范曄則參蹤於賈誼況史臣注記其言浩博若不仰範前哲何以貽厥後來蓋摸擬之體厥途有二一曰貌同而心異二曰貌異而心同何以言之蓋古者列國命官卿與大夫爲别必於國史所

記則卿亦呼爲大夫此春秋之例也當秦有天下地廣殷周變諸侯爲帝王目宰輔爲丞相而譙周撰古史考思欲擯抑馬記師放孔經其書李斯之棄市也乃云秦殺其大夫李斯夫以諸侯之大夫名天子之丞相以此而擬春秋所謂貌同而心異也當春秋之世列國甚多每書他邦皆顯其號至於魯國直云我而已如金行握紀海內大同君靡客主之殊臣無彼此之異而干寶撰晉紀至天子既葬必云葬我某皇帝且無二君何我之有以此而擬春秋又所謂貌同而心異也狄滅二國君死

馮評 此一條立詞有誤

馮評 千古未發之論

公羊子云元年者何君之始年也曷爲先言王而後言正月王正月也何言乎王正月大一統也解釋宜明子玄語雖簡當未該

城屠齊桓行霸興亡繼絶左傳云邢遷如歸衛國忘亡言上下安堵不失舊物也如孫皓暴虐人不聊生晉師是討後予相怨而干寶晉紀云吳國既滅江外忘亡豈江外安典午之善政同歸命之未滅乎以此而擬左氏又所謂貌同而心異也春秋諸國皆用夏正魯以行天子禮樂故獨用周家正朔至如書元年春王正月者年則魯君之年月則周王之月考竹書紀年始達此義而自古說春秋者皆妄爲解釋也如曹馬受命躬爲帝王非是以諸侯守藩行天子班曆而孫盛魏晉二陽秋每書年首必云某年春帝正月夫

征

外也何謂獨得其義於竹書紀年乎至於列國皆夏正獨魯用周朔尤然之據

年旣編帝紀而月又列帝名以此而擬春秋又所謂貌同而心異也五始所作是曰春秋三傳並興各釋經義如公羊傳屢云何以書記某事也此則先引經語而繼以釋辭勢使之然非史體也如吳均齊春秋每書災變亦曰何以書記異也夫事無他議言從已出輒自問而自荅者豈是敘事之理者邪以此而擬公羊又所謂貌同而心異也且史漢每於列傳首書人名字至傳內有呼字處則於傳首已詳如漢書李陵傳稱隴西任立政陵字立政曰（師古曰呼其字）少公歸易耳夫上不言立政之字而

輙言字立政曰少公者此省文從可知也至令狐德棻周書於伊婁穆傳首云伊婁穆字奴干既而續云太祖字之曰奴干作儀同面向我也夫上書其字而下復曰字豈是事從簡易文去重復者邪以此而擬漢書又所謂貌同而心異也昔謝承家語有云蒼梧繞娶妻而美以讓其兄雖則爲讓非讓道也又楊子法言曰士有姓孔字仲尼其文是也其質非也如向之諸子所擬古作其殆蒼梧之讓姓孔而字仲尼者歟蓋語曰世異則事異事異則備異（備作治）必以先王之道持今世之民此韓子

無謝承字

所以著五蠹之篇稱宋人有守株之說也世之述者銳志於奇喜編次古文撰敘今事而巍然自謂五經再生三史重出多見其無識者矣惟夫明識之士則不然何則其所擬者非如圖畫之寫眞鎔鑄以象物（以一作之）以此而似彼其所以爲似者取其道術相會義理互同若斯而已亦有孔父賤爲匹夫恓惶放逐而能祖述堯舜憲章文武亦何必居九五之位處南面之尊然後謂之連類者哉蓋左氏爲書敘事之最自晉已降景慕者多有類效顰彌益其醜然求諸偶中亦可言焉蓋君父見害臣

也

子所耻義當畧說不忍斥言故左傳叙桓公在齊遇害而云彭生乘公薨於車如干寳晉紀叙愍帝殁于平陽而云晉人見者多哭賊懼帝崩以此而擬左氏又所謂貌異而心同也夫當時所記或未盡則先舉其始後詳其末前後相會隔越取同若左氏成七年鄭獲楚鍾儀以獻晉至九年晉歸鍾儀於楚以求平其類是也至裴子野宋略叙索虜臨江太子劭使力士排徐湛江湛僵仆於是始與劭有隙其後三年有徐湛爲元凶所殺事以此而擬左氏又所謂貌異而心同也凡列姓名字兼其

馮評此亦左氏之病不必為之掩飾

字苟前後互舉則觀者自知如左傳上言芊掛則下曰莫敖前稱子產則次見國僑其類是也至裴子野宋略亦然何者上書桓玄則下有敬道後敘殷鐵則先著景仁以此而擬左氏又所謂貌異而心同也左氏與論語有敘人酬對苟非煩辭積句但是往復唯諾而已則連續而說去其對曰問曰等字如裴子野宋略云李孝伯問張暢卿何姓曰姓張張長史乎以此而擬左氏論語又所謂貌異而心同也善人君子功業不書見於應對附彰其美如左傳稱楚武王欲伐隋熊率且比曰季梁在

按北齊書乃薛琡
夢亮如此

何益至蕭方三十國春秋說朝廷聞慕容儁死曰中原可圖矣桓温曰慕容恪在其憂方大以此而擬左氏又所謂貌異而心同也夫將敘其事必預張其本彌縫混說無取睠言如左傳稱叔輒聞日食而哭昭子曰叔其將死乎秋八月叔輒卒至王劭齊志稱張伯德夢山上掛絲占者曰其爲幽州乎秋七月拜爲幽州刺史以此而擬左氏又所謂貌異而心同也蓋文雖缺略理甚昭著此丘明之體也至如敘晉敗於邲先濟者賞而云中軍下軍爭舟舟中之指可掬夫不言攀舟亂以刃斷指而

子叔

但曰舟指可掬則讀者自覩其事矣至王劭齊志
述高季式破敵於韓陵追奔逐北而云夜半方歸
槊血滿袖夫不言奮槊深入擊刺甚多而但稱槊
血滿袖則聞者亦知其義矣以此而擬左氏又所
謂貌異而心同也大抵作者自魏已前多效二史
從晉已降喜學五經夫史才文淺而易摸經文意
深而難擬既難易有别故得失亦殊蓋貌異而心
同者摸擬之上也貌同而心異者摸擬之下也然
人皆好貌同而心異不尚貌異而心同者何哉蓋
鑒識不明嗜愛多僻悅夫似史而憎夫眞史此予

張所以致譏於魯侯有葉公好龍之喻也袁山松云書之爲難也有五煩而不整一難也俗而不典二難也書不實錄三難也賞罰不中四難也文不勝質五難也夫擬古而不類此乃難之極者何爲獨闕其目乎嗚呼自子長已還似皆未覩斯義後來明達其鑒之哉

書事第二十九

昔荀悅有云立典有五志焉一曰達道義二曰彰法式三曰通古今四曰著功勳五曰表賢能干寶之釋五志也體國經野之言則書之用兵征伐之

權則書之忠臣烈士孝子貞婦之節則書之文誥專對之辭則書之才力伎藝殊異則書之於是採二家之所議徵五志之所取蓋記言之所網羅書事之所總括粗得於兹矣然必謂故無遺恨猶恐未盡者乎今更廣以三科用增前目一曰敘沿革二曰明罪惡三曰旌怪異何者禮儀用舍節文升降則書之君臣邪僻國家喪亂則書之幽明感應禍福萌兆則書之於是以此三科參諸五志則史氏所載庶幾無闕求諸筆削何莫由斯但古作者鮮能無病苟書而不法則何以示後蓋班固之譏

司馬遷也論大道則先黃老而後六經序游俠則退處士而進姦雄述貨殖則崇勢利而羞賤貧此其所蔽也又傳玄之貶班固也論國體則飾主闕而折忠臣敘世教則貴取容而賤直節述時務則謹辭章而略事實此其所失也尋班馬二史咸擅一家而各自彈射遞相瘡痏夫雖自卜者審而自見爲難可謂笑前人之未工忘已事之已拙上知猶其若此而況庸庸者哉苟自前哲之指蹤校後來之所失若王沉孫盛之伍伯起德棻之流論王業則黨悖逆而誣忠義敘國家則抑正順而褒篡

頭植刻

智

奪述風俗則衿夷狄而陋華夏此其大較也必伸以糾擿窮其負累雖擢髮而數庸可盡邪子曰於予何誅於數家見之矣抑又聞之怪力亂神宣尼不語而事鬼求福墨生所信故聖人於其間若存若亡而已若吞燕卵而商生啓龍漦而周滅厲壞門以禍晉鬼謀社而亡曹江使返璧於秦皇圯橋授書於漢相此則事關軍國理涉興亡有而書之以彰靈驗可也而王隱何法盛之徒所撰晉史乃專訪州閭細事委巷瑣言聚而編之目爲鬼神傳錄其事非要其言不經異乎三史之所書五經之

三百八十字

此

所載也范曄博採衆書裁成漢典觀其所取頗有奇工至於方術篇及諸蠻夷傳乃錄王喬左慈廩君槃瓠言唯迂誕事多詭越可謂美玉之瑕白圭之玷惜哉無是可也又自魏晉已降著述多門語林笑林世說俗說皆喜載啁謔小辨嗤鄙異聞雖爲有識所譏頗爲無知所悅而斯風一扇國史多同至如王思狂躁起驅蠅而踐筆畢卓沉湎左持螯而右杯劉邕榜吏以膳痂齡石戲舅而傷贅其事蕪穢其辭猥雜而歷代正史持爲雅言苟使讀之者爲之解頤聞之者爲之撫抃固異乎記功書

馮評住文祥瑞見此應自憮然

過彰善癉惡者也大抵近代史筆敘事爲煩推而論之其尤甚者有四夫祥瑞者所以發揮盛德幽贊明王至如鳳皇來儀嘉禾入獻秦得若雉魯獲如麕求諸尚書春秋上下數千載其可得言者蓋不過一二而已爰及近古則不然凡祥瑞之出非關理亂蓋主上所惑臣下相欺故德彌少而祥彌多政逾劣而瑞逾盛是以桓靈受祉比文景而爲豐劉石應符比曹馬而益倍而史官徵其謬說錄彼邪言眞僞莫分是非無別其煩一也當春秋之時諸侯力爭各擅雄伯自相君長經書某使來聘

瑞

瑀評此則不可以例

庚

其君來朝者蓋明和好所通盛德所及此皆國之大事不可闕如而自史漢已還相承繼作至於呼韓入侍肅愼來庭如此之流書可也若乃藩王岳牧朝會京師必也書之本紀則異乎春秋之義若漢書載楚王囂等來朝宋書載檀道濟等來朝之類是也夫臣謁其君子覲其父抑惟恒理非復異聞載之簡策一何辭費其煩二也乃若百職遷除千官黜免其可以書名本紀者蓋惟槐鼎而已故西京撰史唯編丞相大夫東觀著書止列司徒太尉而近世自三公已下一命已上苟沾厚祿莫不備書且一人之身兼預數職

辟

伯琰乃甚
張評王弇洲一生空作得野史家
乘考誤

或加其號而闕其位或無其實而有其名贊唱爲之曰勞題署由其力倦具之史牘夫何足觀其煩三也夫人之有傳也蓋唯書其邑里而已其有開國承家世祿不隊積仁累德良弓無改項籍之先世爲楚將石建之後廉謹相承此則其事尤異略書於傳可也其失之者則有父官令長子秩丞郎聲不著於一鄉行無聞於十室乃敘其名位一二無遺此實家諜非關國史其煩四也於是考茲四事以觀今古足驗積習忘返流宕不歸乖作者之規模違哲人之準的也孔子曰吾黨之小子狂簡

而

斐然成章不知所以裁之其斯之謂矣亦有言或可記功或可書而紀闕其文傳亡其事者何則始自太上迄于中古其間文籍可得言焉夫以仲尼之聖也訪諸郯子始聞少皡之官叔向之賢也詢彼國僑載辨黃熊之祟或八元才子因行父而獲傳或五羖大夫假趙良而見識則知當時正史流俗所行若三墳五典八索九丘之書虞夏商周春秋檮杌之記其所缺略者多矣既而汲冢所述方五經而有殘馬遷所書比三傳而多別裴松補陳壽之闕謝綽拾沈約之遺斯又言滿五車事逾三

殊

篋者矣。夫記事之體欲簡而且詳疎而不漏若煩則盡取省則都捐此乃忘折中之宜失均平之理惟夫博雅君子知其利害者焉

人物第三十

夫人之生也有賢不肖焉（蜀本不肖上有一有字宋本無）若乃其惡可以誡世其善可以示後而死之日名無得而聞焉是誰之過歟蓋史官之責也觀夫文籍肇刱史有尚書知遠疎通網羅歷代至如有虞進賢時宗元凱夏氏中微國傳寒浞殷之亡也是生飛廉惡來周之興也實有散宜閎夭若斯人者或爲惡

縱暴其罪滔天或累仁積德其名蓋世雖時淳俗質言約義簡此而不載闕誰大焉洎夫子修春秋記二百年行事三傳並作史道勃興若秦之由余百里奚越之范蠡大夫種魯之曹沫公儀休齊之甯戚田穰苴斯並命代大才(一作命世天才)挺生傑出或陳力就列功冠一時或殺身成仁聲聞四海苟師其德業可以治國字人慕其風範可以激貪勵俗此而不書無乃太簡又子長著史記也馳騖窮古今上下數千載至如皐陶伊尹傅說仲山甫之流並列經誥名存子史功烈尤顯事跡居多盡各採

馮評：徐淑誠不宜略，蔡琰亦何可棄

而編之以爲列傳之始而斷以夷齊居首何齷齪之甚乎既而孟堅勒成漢書牢籠一代至於人倫大事亦云備矣其間若薄昭楊僕顏駟史岑之徒其事所以見遺者蓋略小而存大耳夫雖逐麋之犬不復顧兔而雞肋是棄能無惜乎當三國異朝兩晉殊宅若元則仲景時才重於許洛何禎許詢文雅高於揚豫而陳壽國志王隱晉史廣列諸傳而遺此不編斯亦網漏吞舟過爲迂闊者觀東漢一代賢明婦人如秦嘉妻徐氏動合禮儀言成規矩毀形不嫁哀慟傷生此則才德兼美者也董祀

預　楨

妻蔡氏載誕胡子受辱虜庭文詞有餘節槩不足此則言行相乖者也至蔚宗後漢傳摽列女徐淑不齒而蔡琰見書欲使彤管所載將安準的裴幾原刪略宋史時稱簡要至如張禕陰受君命戕賊零陵乃宗(守)道不移飲鴆而絕雖古之鉏麑義烈何以加諸鮑照文宗學府馳名海內方於漢代襃朔之流事皆闕如何以申其襃獎夫天下善人少而惡人多其有書名竹帛者蓋惟記善而已故太史公有云自獲麟已來四百餘年明主賢君忠臣死義之士廢而不載余甚懼焉即其義也至如四凶

此論最善

蜀评南北朝多有之

蜀志之傳許慈蓋以蜀一隅之僻陋進惟析孟光遷都之議可取惜休文又不若其治德威書作憲伯起立傳直似家譜不可憲一人者順也

列於尚書三叛見於春秋西漢之紀江充石顯東京之載梁冀董卓此皆干紀亂常存滅興亡所繫既有關時政故不可闕書但近史所刊有異於是至如不才之子羣小之徒或陰情醜行或素飡尸祿其惡不足以曝揚其罪不足以懲誡莫不搜其鄙事聚而爲錄不其穢乎抑又聞之十室之邑必有忠信而斗筲之才何足筭也若漢傳之有傅寬靳歙蜀志之有許慈宋書之虞丘進魏史之王憲若斯數子者或才非拔萃或行不逸羣徒以片善取知微功見識闕之不足爲少書之維益其累而

郭評虞丘進一破苻堅二破孫恩斬道覆又破司馬休之似不可闕傳王懿亦是清臣

史臣皆責其譜狀徵其爵里課虛成有裁爲列傳不亦煩乎語曰君子於其所不知蓋闕如也故賢良可記而簡牘無聞斯乃詧所不該理無足咎至若愚智畢載妍媸靡擇此則燕石妄珍齊竽混吹者矣夫名刋史冊自古攸難事列春秋哲人所重筆削之士其愼之哉

太學生龔名夏校

史通卷之八

詧

子立刻

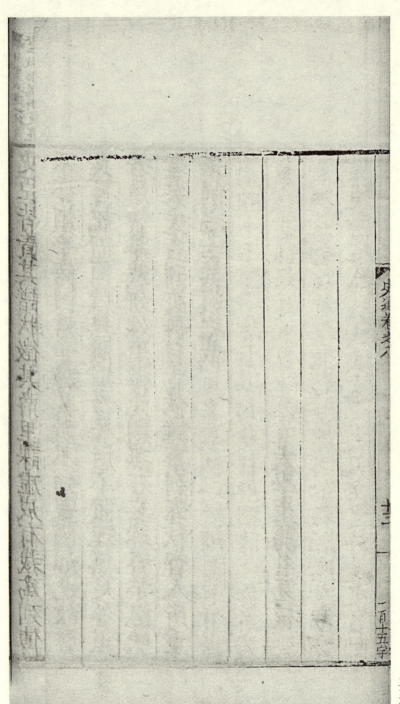

史通卷第九

唐鳳閣舍人彭城劉子玄撰

內篇

覈才第三十一

夫史才之難其難甚矣晉令云國史之任委之著作每著作郎初至必撰名臣傳一人斯蓋察其所由苟非其才則不可叨居史任歷觀古之作者若蔡邕劉峻徐陵劉炫之徒各自謂長於著書達於史體然觀侏儒一節而他事可知案伯喈於朝上書謂宜廣班氏天文志夫天文之於漢史實附

宋陽金華山極志

贅之尤甚者也必欲申以掎摭但當鋤而去之安可仍其過失而益其蕪累亦奚異觀河傾之患而不遏以隄防方欲疏而導之用速懷襄之害迷史如此將非練達者歟孝標持論析理誠爲絕倫而自敘一篇過爲煩碎山栖一志直論文章諒難以偶跡遷固比肩陳范者也孝穆在齊有志於梁史及還江左而書竟不成嗟乎以徐公文體而施諸史傳亦猶灞上兒戲異乎眞將軍幸而量力不爲可謂自卜者審矣光伯以洪儒碩學而迍邅不遇觀其銳情自敘欲以垂示將來而言皆淺俗理無

是　誤

要害豈所謂誦詩三百雖多亦奚以爲者乎昔尼
父有言文勝質則史蓋史者當時之文也然朴散
淳銷時移世異文之與史皎然異轍故以張衡之
文而不閑於史以陳壽之史而不習於文其有賦
述兩都詩裁八詠而能編次漢冊勒成宋典若斯
人者其流幾何是以略觀近代有齒跡文章而兼
修史傳其爲式也羅含謝客宛爲歌頌之文蕭繹
江淹直成銘贊之序溫子昇尤工複語（工一作書）盧思
道雅好麗詞江總猖獗以沉迷庾信輕薄而流宕
此其大較也然向之數子所撰者蓋不過偏記雜

說小卷短書而已猶且乖濫踳駁一至於斯而況責之以刊勒一家彌綸一代使其始末圓備表裏無咎蓋亦難矣但自世重文藻詞宗麗淫於是沮誦失路靈均當軸每西省虛職東觀佇才凡所拜授必推文士遂使握管懷鉛多無銓綜之識連章累牘罕逢微婉之言而舉俗共以爲能當時莫之敢侮假令其間有術同彪嶠才若班荀懷獨見之明負不刊之業而皆取窘於流俗見嗤於朋黨遂乃哺糟歠醨俯同妄作披褐懷玉無由自陳此管仲所謂用君子而以小人參之害霸之道者也昔

傳玄有觀孟堅漢書實命代奇作及與陳宗尹敏杜撫馬嚴撰中興紀傳其文曾不足觀豈拘於時乎不然何不類之甚者也是後劉珍朱穆盧植楊彪之徒又繼而成之豈亦各拘於時而不得自盡乎何其益陋也嗟乎拘時之患其來尚矣斯則自古之所歎豈獨當今者哉

序傳第三十二

蓋作者自敘其流出於中古乎按屈原離騷經其首章上陳氏族下列祖考先述厥生次顯名字自敘發跡實基於此降及司馬相如始以自敘爲傳

然其所敘者但記自少及長立身行事而已逮於祖先所出則蔑爾無聞至馬遷又徵三閭之故事倣文園之近作模楷二家勤成一卷於是揚雄遵其舊轍班固酌其餘波自敘之篇實煩於代雖屬辭有異而茲體無易尋馬遷史記上自軒轅下窮漢武疆宇修闊道路綿長故其自敘始於氏出重黎終於身爲太史雖上下馳騁終不越史記之年班固漢書止敘西京二百年事耳其自敘也則遠徵令尹起楚文王之世近錄賓戲當漢明帝之朝苞括所及踰於本書遠矣而後來敘傳非止一家

馮评快論

競學孟堅從風而靡施於家牒猶或可通列於國史每見其失者矣然自敘之爲義也苟能隱己之短稱其所長斯言不謬即爲實錄而相如自序及記其客遊臨邛竊妻卓氏以春秋所諱持爲美談雖事或非虛而理無可取載之於傳不其愧乎又王充論衡之自紀也述其父祖不肖爲州閭所鄙而已答以瞽頑舜神鯀惡禹聖夫自敘而言家世固當以揚名顯親爲主苟無其人闕之可也至若盛矜於己而厚辱其先此何異證父攘羊學子名毋必責以名教實三千之罪人也夫自媒自衒士

多

女之醜行然則人莫我知君子所耻按孔氏論語有云十室之邑必有忠信不如丘之好學也又曰吾日三省吾身爲人謀而不忠乎與朋友交而不信乎又曰文王既没文不在茲乎又曰昔者吾友嘗從事於斯矣則聖達立言也時亦揚露已才或託諷以見其情或選辭以顯其跡選一作巽終不盱衡自伐攘袂公言且命諸門人各言爾志由也不讓見嗤無禮歷觀揚雄已降其自敘也始以誇尚爲宗至魏文帝傅玄陶梅葛洪之徒則又踰於此者矣何則身兼片善行有微能皆剖析具言一二必

載豈所謂憲章前聖謙以自牧者歟又近古人倫
喜稱閥閱其華門寒族百代無聞而騂角挺生一
朝暴貴無不追述本系妄承先哲至若儀父振鐸
並爲曹氏之初淳維李陵俱稱拓拔之始河南馬
祖遷彪之說不同吳興沈先約炯之言有異斯皆
不因眞律無假寧楹直據經史自成矛盾則知楊
姓之寓西蜀班門之雄朔野或胄纂伯僑或家傳
熊繹恐自我作古失之彌遠者矣蓋諂祭非鬼神
所不歆致敬他親人斯悖德凡爲敘傳宜詳此理
不知則闕亦何傷乎

真律
寧楹
未詳

煩省第三十三

昔荀卿有云錄遠略近則知史之詳略不均其爲患者久矣及干令昇史議（干寶字令昇晉人）歷詆諸家而獨歸美左傳云丘明能以三十卷之約括囊二百四十年之事靡有孑遺斯蓋立言之高標著作之良模也又張世偉著班馬優劣論云（張輔字世偉晉人）遷敘三千年事五十萬言固敘二百四十年事八十萬言是班不如馬也然則自古論史之煩省者咸以左氏爲得史公爲次孟堅爲非自魏晉已還年祚轉促而爲其國史亦不減班書此則後來逾煩

遇評議是

其失彌甚者矣余以爲近史蕪累誠則有諸亦猶古今不同勢使之然也輒求其本意略而論之何者當春秋之時諸侯力爭各閉境相拒關梁不通其有吉凶大事見知於他國者或因假道而方聞或以同盟而始赴苟異於是則無得而稱魯史所書實用此道至如秦燕之據有西北楚越之大啓東南地僻界於諸戎人罕通於上國故載其行事多有闕如且其書自宣成已前三紀而成一卷至昭襄已下數年而占一篇是知國阻隔者記載不詳年淺近者撰錄多備杜預釋例云文公已上書日者二百四十九宣公已

下亦俱六公書日者四百三十二。計年數略同而日數加備此亦久遠遺落不與近同也是則儒者注書已見之矣此丘明隨聞見而成傳何有故爲簡約者哉。及漢氏之有天下也普天率土無思不服會計之吏歲奏於闕廷輶軒之使月馳於郡國作者居於京兆府徵事於四方用使夷夏必聞遠近無隔故漢氏之史所以倍增於春秋也降及東京作者彌衆至如名邦大都地富才良高門甲族世多髦俊邑老鄉賢競爲別錄家牒宗譜各成私傳於是筆削所採聞見益多此中興之史所以又廣於前漢也夫英賢所出何國而無書之則與日月長懸

蜀志以不立史官
前無所承視吳尚
少十之三何謂詳於
二國乎

不書則與煙塵永滅是以謝承尤悉江左京洛事
缺於三吳陳壽偏委蜀中巴梁語詳於二國如宋
齊受命梁陳握紀或地比禹貢一州或年方秦氏
二世夫地之褊小年之窘迫適使作者採訪易洽
巨細無遺耆舊可詢隱諱咸露此小國之史所以
不滅於大邦也夫論史之煩省但當求其事有妄
者
載苦於榛蕪言有闕書傷於簡略斯則可矣必量
世事之厚薄限篇第以多少理則不然且必謂丘
明爲省也若介葛辨犧於牛鳴叔孫志夢於天壓
楚人教晉以拔旆城者謳華以棄甲此而畢書豈

得謂之省耶且必謂漢書爲煩也若武帝乞漿於柏父陳平獻計於天山長沙戲舞以請地楊僕恬寵而移關此而不錄豈得謂之煩耶由斯而言則史之煩省不中從可知矣又古今有殊澆淳不等帝堯則天稱大書惟一篇周武觀兵孟津言成三誓伏犧止畫八卦文王加以繫辭俱爲大聖行事若一其豐儉不類懸隔如斯必以古方今持彼喻此如蚩尤黃帝交戰阪泉施於春秋則城濮鄢陵之事也有窮篡夏少康中興施於兩漢則王莽光武之事也夫差既滅勾踐覇世施於東晉則桓玄

按子顯是子恪之弟北第諸郎名皆冠以子字無与梁武同名之理字曰景陽非以字行者也

宋祖之事也張儀馬錯爲秦開蜀施於三國則鄧艾鍾會之事也而往之所載其簡如彼後之所書其審如此若使後來同於往世限一槩以成書將恐學者必詬其疎遺尤其率略者矣而議者苟嗤沈蕭之所記沈約字休文梁人著宋書蕭衍字子顯著齊書事倍於孫習孫盛字安國晉人著晉書習鑿齒字彥威亦著晉書華謝之所編華嶠謝忱亦著漢史語煩於班馬不亦繆乎故曰論史之煩省者但當求其事有妄載言有闕書斯則可矣必量世事之厚薄限篇第以多少理則不然其斯之謂也

史通卷之九

馮評衍字也誤

邑庠生張嘉昌校

史通卷第十

唐鳳閣舍人彭城劉子玄撰

內篇

雜述第三十四

昔在三墳五典春秋檮杌即上代帝王之書中古諸侯之記行諸歷代以爲格言其餘外傳則神農嘗藥厥有本草夏禹敷土實著山經世本辨姓著自周室家語載言傳諸孔氏是知偏記小說自成一家而能與正史參行其所從來尚矣爰及近古斯道漸煩史氏流別殊途並騖推而爲論其流有

徐普寫 陸本刻

隋书經籍志晉紀十卷宋吳興太守王韶之撰此陸二字未詳疑隆安之誤　王海作晉安紀姚下亦漏最字

王粲下玉海有書字子行作子洪

十焉一曰偏記二曰小錄三曰逸事四曰瑣言五曰郡書六曰家史七曰別傳八曰雜記九曰地理書十曰都邑簿夫皇王受命有始有卒作者著述詳略難均有權記當時不終一代若陸賈楚漢春秋樂資山陽公載記王韶晉安陸紀姚梁後略此之謂偏記者也普天率土人物弘多求其行事罕能周悉則有獨舉所知編爲短部若戴逵竹林名士王粲漢末英雄蕭世誠懷舊志盧子行知巳傳此之謂小錄者也國史之任記事記言視聽不該必有遺逸於是好奇之士補其所亡若和嶠汲冢

紀年葛洪西京雜記顧協瑣語謝綽拾遺此之謂
逸事者也街談巷議時有可觀小説爲言猶賢於
已故好事君子無所棄諸若劉義慶世説裴榮期
語林孔思尚語録陽松玠談藪此之謂瑣言者也
汝潁奇士江漢英靈人物所生載光郡國故鄉人
學者編而記之若圈稱陳留耆舊周斐汝南先賢
陳壽益部耆舊虞預會稽典録此之謂郡書者也
高門華胄奕世載德才子承家思顯父母由是紀
其先烈貽厥後來若楊雄家牒殷敬世傳孫氏譜
記陸宗系曆此之謂家史者也賢士貞女類聚區

王海作趙来

分雖百行殊途而同歸於善則有取其所好各爲之錄若劉向列女梁鴻逸民趙採忠臣徐廣孝子此之謂別傳者也陰陽爲炭造化爲工流形賦象于何不育求其怪物有廣異聞若祖台志怪干寶搜神劉義慶幽明劉敬叔異苑此之謂雜記者也九州土宇萬國山川物産殊宜風化異俗如各志其本國足以明此一方若盛弘之荊州記常璩華陽國志辛氏三秦羅含湘中此之謂地理書者也帝王桒梓列聖遺塵經始之制不常厥所苟能書其軌則可以龜鏡將來若潘岳關中陸機洛陽三

三百八十字

輔黄圖建康宫殿此之謂都邑簿者也大抵偏記小錄之書皆記即日當時之事求諸國史最爲實錄然皆言多鄙朴事罕圓備終不能成其不刊永播來葉徒爲後生作者削藁之資焉逸事皆前史所遺後人所記求諸異説爲益實多及妄者爲之則苟載傳聞而無銓擇由是眞僞不别是非相亂如郭子横之洞冥王子年之拾遺全構虚辭用驚愚俗此其爲弊之甚者也瑣言者多載當時辯對流俗嘲謔俾夫樞機者藉爲舌端談話者將爲口實乃蔽者爲之則有詆訐相戲施諸祖宗䙝狎鄙

言出自牀第莫不昇之紀錄用爲雅言固以無益風規有傷名教者矣郡書者矜其鄉賢美其邦族施於本國頗得流行置於他方罕聞愛異其有如常璩之詳審劉昞之該博而能傳諸不朽見美來裔者蓋無幾焉家史者事惟三族言止一門正可行於室家難以播於邦國且箕裘不墮則其錄無窮存苟薪構已亡則斯文亦喪者矣別傳者不出胸臆非由機杼徒以博採前史聚而成書其有足以新言加之別說者蓋不過十一而已如寡聞末學之流則深所嘉尚至於探幽索隱之士則無所取

材雜記者若論神仙之道則服食鍊氣可以益壽延年語魑魅之途則福善禍淫可以懲惡勸善斯則可矣及繆者爲之則苟談怪異務述妖邪求諸弘益其義無取地理書者若朱贛所採浹於九州闞駰（十三州記）所書殫於四國斯則言皆雅正事無偏黨者矣其有異於此者則人自以爲樂土家自以爲名都競美所居談過其實又城池舊跡山水得名皆傳諸委巷用爲故實鄙哉都邑簿者如宮闕陵廟街廛郭邑辨其規模明其制度斯則可矣及愚者爲之則煩而且濫博而無限故論榱棟則尺寸皆

於

衆一作重

書記草木則根株必數務求詳審持此爲能遂使學者觀之瞀亂而難紀也於是考兹十品徵彼百家則史之雜名其流盡於此矣至於其間得失紛糅善惡相兼既難爲覼縷故粗陳梗槩且同自鄶無足譏焉又按子之將史本爲二説然如呂氏淮南玄晏抱朴凡此諸子多以敘事爲宗舉而論之抑亦史之雜也但以名目有異不復編於此科蓋語曰衆星之明不如一月之光歷觀自古作者著述多矣雖復門千戸萬波委雲集而言皆瑣碎事必藂殘固難以接光塵於五傳並輝烈於三史古

叢

人以比玉屑滿篋良有旨哉然則芻蕘之言明王必擇葑菲之體詩人不棄故學者有博聞舊事多識其物若不窺別錄不討異書專治周孔之章句直守遷固之紀傳亦何能自致於此乎且夫子有云多聞擇其善者而從之知之次也苟如是則書有非聖言多不經學者博聞蓋在擇之而已

辨職第三十五

夫設官分職佇勳課能欲使上無虛稱下無虛受其難矣哉昔漢文帝幸諸將營而目周亞夫爲眞將軍嗟乎必於史職求其若斯乃爲難遇者矣史

授

之爲務厥途有三焉何則彰善貶惡不避强禦若
晉之董狐齊之南史此其上也編次勒成鬱爲不
朽若魯之丘明漢之子長此其次也高才博學名
重一時若周之史佚楚之倚相此其下也茍三者
並闕復何爲者哉昔魯叟之修春秋也不藉三桓
之勢漢臣之著史記也無假七貴之權而近古每
有撰述必以大臣居首按晉起居注載康帝詔盛
稱著述任重理藉親覽遂以武陵王領秘書監寺
武陵才非河獻識異淮南而輒以彼藩翰董斯邦
籍求之稱職無聞焉爾既而齊撰國史和士開總

桐君藥録雷公注本草

知唐修本草徐世勣監統夫使辟陽長信指撝南董之前周勃張飛彈壓桐雷之右斯亦怪矣大抵監史爲難斯乃尤之尤者若使直若南史才如馬遷精勤不懈若揚子雲諳識故事若應仲遠兼斯具美督彼羣才使載言記事藉爲模楷搦管操觚歸其準的斯則可矣但今之從政則不然凡居斯職者必恩幸貴臣凡庸賤品飽食安步坐嘯畫諾若斯而已矣夫人既不知善之爲善則亦不知惡之爲惡故凡所引進皆非其才或以勢利見升或以干祈致擢遂使當官効用江左以不樂爲謡拜

鄭天瑞刻

夫

職辨名洛中以不關爲說言之可爲大噱可爲長歎也曾試論之世之從仕者若使之爲將也而才無韜略使之爲吏也而術靡循良使之屬文也而匪閑於辭賦使之講學也而不習於經典斯則負乘致寇悔吝旋及雖五尺童兒猶知調笑者矣唯夫修史者則不然或當官卒歲竟無刊述而人莫之知也或輙不自揆輕弄筆端而人莫之見也由斯而言彼史曹者崇扃峻宇深附九重雖地處禁中而人同方外可以養拙可以藏愚繡衣直指所不能繩强項申威所不能及斯固素食之窟宅尸

肓

祿之淵藪也凡有國有家者何事於斯其職哉昔子貢欲去告朔之餼羊子曰爾愛其羊我愛其禮又語云雖無老成人尚有典刑觀歷代之置史臣有同嬉戲而竟不廢其職者蓋存夫愛禮惓彼典刑者乎昔丘明之修傳也以避時難子長之立記也藏於名山班固之成書也出自家庭陳壽之爲志也創於私室然則古來賢雋立言垂後何必身居廨宇跡參僚屬而後成其事乎是以深識之士知其若斯退居清淨杜門不出成其一家獨斷而已豈與夫冠猴獻狀評議其得失者哉

自敘第三十六

予幼奉庭訓早遊文學年在紈綺便受古文尚書每苦其辭艱瑣難爲諷讀雖屢逢捶撻而其業不成嘗聞家君爲諸兄講春秋左氏傳每廢書而聽逮講畢即爲諸兄說之因竊歎曰若使書皆如此吾不復怠矣先君奇其意於是始授以左氏朞年而講誦都畢于時年甫十有二矣所講雖未能深解而大義略舉父兄欲令博觀義疏精此一經辭以獲麟已後未見其事乞且觀餘部以廣異聞次又讀史漢三國志既欲知古今沿革曆數相承於

馮評 非此則并史通亦不成矣儒冠果足悮人

是觸類而觀不假師訓自漢中興已降迄乎皇家實録年十有七而窺覽略周其所讀書多因假賃雖部帙殘缺篇題有遺（題音第）至於敘事之紀綱立言之梗槩亦粗知之矣但于時將求仕進兼習撝摩至於專心諸史我則未暇洎年登弱冠射策登朝於是思有餘閑遂其本願旋游京洛頗積歲年公私借書恣情披閱至如一代之史分爲數家其間雜記小書又競爲異說莫不鑽研穿鑿盡其利害加以自小觀書喜談名理其所悟者皆得諸襟腑非由染習故始在總角讀班謝兩漢便怪前書

旅

不應有古今人表。後書宜爲更始立紀。當時聞者共責以童子何知而敢輕議前哲於是赧然自失無辭以對其後見張衡范曄集果以二史爲非其有暗合於古人者蓋不可勝紀始知流俗之士。難與之言。凡有異同。蓄諸方寸。及年以過立言悟日多常恨時無同好可與言者維東海徐堅晚與之遇相得甚歡雖古者伯牙之識鍾期管仲之知鮑叔不是過也復有永城朱敬則沛國劉允濟吳興薛謙光河南元行沖陳留吳兢壽春裴懷古亦以言議見許道術相知所有榷揚得盡懷抱每云德不孤必有鄰四海之内知我者不過數子而已矣昔仲尼以睿聖明哲天縱多能覩史籍之繁文懼覽之者不一刪詩爲三百篇約史記以修春秋讚易道以黜八索述職方以除九丘討論墳典斷自唐虞以訖于周其文不刋爲後王法自兹厥後史籍逾多苟非命世大才孰能刋正其失嗟予小子敢當此任其於史傳也嘗欲自班馬已降訖于姚李令狐顏孔諸書莫不因其舊義頗加釐革但以無夫子之名而輒行夫子之事將恐致驚愚俗取咎時人徒有其勞而莫之見賞所以每握管歎息

遲回者久之非欲之而不能實能之而不欲也既朝廷有知意者遂以載筆見推由是三爲史臣再入東觀則天朝爲著作佐郎轉左史今上初卽位又除著作長安中以本官兼修國史會遷中書舍人暫罷其任神龍元年又以本官兼修國史迄今不之改今之史館卽古之東觀也每惟皇家受命多歷年所史官所編粗惟記錄至於紀傳及志則皆未有其書長安中年會奉詔預修唐史及今上卽位又勑撰則天大聖皇后實錄凡所著述常欲行其舊議而當時同作諸士及監修貴臣每與其鑿枘相違齟齬難入故其所載削皆與俗沉浮雖自謂依違苟從然猶大爲史官所嫉

迴　欲

嗟乎雖任當其職。而吾道不行。見用於時。而美志不遂。鬱怏孤憤。無以寄懷。必寢而不言。嘿而無述。又恐歿世之後。誰知予者。故退而私撰史通。以見其志。昔漢世劉安著書號曰淮南子其書牢籠天地博極古今上自太公下至商鞅其錯綜經緯自謂兼於數家無遺力矣然自淮南已後作者無絕必商摧而言則其流又衆蓋仲尼既歿微言不行史公著書是非多謬由是百家諸子詭說異辭務爲小辨破彼大道故揚雄法言生焉儒者之書博而寡要得其糟粕失其菁華而流俗鄙夫貴遠賤近傳茲抵牾自相欺惑故王充論衡生焉民者冥也冥然罔知率彼愚蒙墻面而視或訛音鄙句莫究本源或守株膠柱動多拘忌故應劭風俗通生焉五常異稟百行殊軌能有兼偏知有長短苟隨才而任使則片善不遺必求備而後用則舉世莫可故劉劭人物志生焉夫開國承家立身行事一文一武或出或處雖賢愚壤隔善惡區分苟時無品藻則理難銓綜故陸景典語生焉詞人屬文其體非一譬甘辛殊味丹素異彩後來祖述識昧圓通家有詆訶人相掎摭故劉勰文心生焉若史通

智

之爲書也蓋傷當時載筆之士其道不純思欲辨其指歸殫其體統夫其書雖以史爲主而餘波所及上窮王道下掞人倫總括萬殊包吞千有自法言已降迄于文心而往以納諸胸中曾不蔕芥者矣夫其爲義也有與奪焉有褒貶焉有鑒誡焉有諷刺焉其爲貫穿者深矣其爲網羅者密矣其所商略者遠矣其所發明者多矣蓋談經者惡聞服杜之嗤論史者憎言班馬之失而此書多譏往哲喜述前非獲罪於時固其宜矣猶冀知音君子時有觀焉尼父有云罪我者春秋知我者春秋抑斯

絶

固華

解嘲云豈玄之尚白乎乃指太玄

之謂也昔梁徵士劉孝標作敘傳其自比於馮敬通者有三而予輒不自揆亦竊比於楊子雲者有四焉何者楊雄嘗好雕蟲小伎老而悔其少作余幼喜詩賦而壯都不爲耻以文士得名期以述者自命其似一也楊雄草玄累年不就當時聞者莫不哂其徒勞余撰史通亦屢移寒暑悠悠塵俗共以爲愚其似二也楊雄撰法言時人競尤其妄故作解嘲以訓之余著史通見者亦互言其短故作釋蒙以拒之其似三也楊雄少爲范踆劉歆所重及聞其撰太玄經則嘲以恐蓋醬瓿然劉范之重

雄者蓋貴其文彩若長楊羽獵之流耳如太玄深
奥難以探賾既絶窺踰故加譏誚余初好文筆頗
獲譽於當時晚談史傳遂減價於知巳其似四也
夫才唯下劣而跡類先賢是用銘之於心持以自
慰抑猶有遺恨懼不似楊雄者有一焉何者雄之
玄經始成雖爲當時所賤而桓譚以爲數百年外
其書必傳其後張衡陸績果以爲絶倫參聖夫以
史通方諸太玄今之君山卽徐朱等數君是也後
來張陸則未之知耳嗟乎倘使平子不出公紀不
生將恐此書與糞土同捐煙燼俱滅後之識者無

理 无学

（唐）劉知幾 撰

明本史通

第二册

國家圖書館出版社

第二册目録

史通卷第十一

唐鳳閣舍人彭城劉子玄撰

外篇

史官建置第一 總十四條

夫人寓形天地其生也若蜉蝣之在世如白駒之過隙猶且耻當年而功不立疾没世而名不聞上起帝王下窮匹庶近則朝廷之士遠則山林之客其於功也名也莫不汲汲焉孜孜焉蜀本其字上有諒字宋本無夫如是者何哉皆以圖不朽之事也何者而稱不朽乎蓋書名竹帛而已向使世無竹帛時闕史

官雖堯舜之與桀紂伊周之與莽卓夷惠之與跖蹻商冒之與曾閔俱一從物化墳土未乾而善惡不分妍媸永滅者矣苟史官不絕竹帛長存則其人已亡杳成空寂而其事如在皎同星漢用使後之學者坐披囊篋而神交萬古不出戶庭而窮覽千載見賢而思齊見不賢而內自省若乃春秋成而逆子懼南史至而賊臣書其記事載言也則如彼其勸善懲惡也又如此由斯而言則史之爲用其利甚博乃生人之急務爲國家之要道有國有家者其可缺之哉故備陳其事編之於後共六條

三百三十八字

但

蓋史之建官其來尚矣昔軒轅氏受命倉頡沮誦實居其職至於三代其數漸繁案周官禮記有大史小史內史外史左史右史之名大史掌國之六典小史掌邦國之志內史掌書王命外史掌書使乎四方左史記言右史記事曲禮曰史載筆大事書之於策小事簡牘而已大戴禮曰太子既冠成人免於保傅則有司過之史韓詩外傳云據法守職而不敢爲非者太史令也斯則史官之作肇自黃帝備於周室名目既多職務咸異至於諸侯列國亦各有史官求其位號一同王者至如孔甲尹

無也字

逸名重夏殷史佚倚相與高周楚晉則伯黶司籍
魯則丘明受經此並歷代史臣之可得言者降及
戰國史氏無廢趙鞅晉之一大夫爾猶有直臣書
過操簡筆於門下田文齊之一公子爾每坐對賓
客侍史記於屏風至若秦趙二主澠池交會各命
其御史書某年某月鼓瑟鼓缶此則春秋君舉必
書之義也然則官雖無闕而書尚有遺故史臣等
差莫辨其序桉呂氏春秋曰夏太史終古見桀惑
亂載其圖法出奔商商太史高勢見紂迷亂載其
圖法出奔周晉太史屠黍見晉之亂亦以其圖法

漢亦仍置太史令耳
如淳誤據漢儀注
臣瓚據百官表以
正之是已此職官沿
革所取證不當雜
取異說蹈隋書之
失也

歸周又春秋晉齊太史書趙崔之弒鄭公孫黑强
與於盟使太史書其名且曰七子昭二年晉韓宣
子來聘觀書於太史氏見易象與魯春秋曰周禮
盡在魯矣然則諸史之任太史其最優乎至秦有
天下太史令胡毋敬作博學章此則自夏迄秦斯
職無改者矣漢興之世武帝又置太史公位在丞
相上以司馬談爲之漢法天下計書先上太史副
上丞相敘事如春秋及談卒子遷嗣遷卒宣帝以
其官爲令行太史公文書而已尋自古太史之職
雖以著述爲宗而兼掌曆象日月陰陽管數司馬

遷既沒後之續史記者若褚先生劉向馮商揚雄之徒並以別職來知史務於是太史之署非復記言之司故張衡單颺王立高堂隆等其當官見稱唯知占候而已其二條

當王莽代漢改置柱下五史秩如御史聽事侍傍記跡言行蓋効古者動則左史書之此其義也其二條

漢氏中興明帝以班固爲蘭臺令史詔撰光武本紀及諸列傳載記又楊子山爲郡上計吏獻所作哀牢傳爲帝所異徵詣蘭臺斯則蘭臺之職者蓋

當時著述之所也自章和已後圖籍盛於東觀凡撰漢記相繼在乎其中而都謂著作竟無他稱（其四條）

當魏太和中始置著作郎職隸中書其官即周之左史也晉元康初又職隸秘書著作郎一人爲之大著作專掌史任又置佐著作郎八人宋齊已來以佐名施於作下（改佐著作郎爲著作佐郎）舊事佐郎職知博採正郎資以草傳如正佐有失則秘監職思其憂其有才堪撰述學綜文史雖居他官或兼領著作亦有雖爲秘書監而仍領著作郎者若中朝之華

按郄正傳但謂其耽意文章自司馬王揚班傅張蔡之儔遺文篇賦及當世美書善論益部有者則鑽鑿推求略皆寓目斯亦何須

嶠陳壽陸機束晳江左之王隱虞預干寶孫盛宋之徐爰蘇寶生梁之沈約裴子野斯竝史官之尤美著作之妙選也而齊梁二代又置修史學士陳氏因循無所變革若劉陟謝昊顧野王許善心之類是也其五條

至若偏隅僭國夷狄僞朝求其史官亦可言者按蜀志稱王崇補東觀許慈掌禮儀又郄正爲秘書郎廣求益部書籍斯則典校無闕屬辭有所矣而陳壽評云蜀不置史官者得非厚誣諸葛乎別有曲筆篇言之詳矣吳歸命時有左右二國史之職

薛瑩爲其左華覈爲其右又周處自左國史遷東觀令以斯考察則其班秩可知其六條僞漢嘉平初公師彧以太中大夫領左國史撰其國君臣紀傳前涼張駿時劉慶遷儒林郎中常侍在東苑撰其國書蜀與西涼二朝記事委之門下南涼主烏孫初定霸基欲造國紀以其參軍郎韶爲國紀祭酒使撰録時事自餘僞主多置著作官若前趙之和苞後燕之董統是也其七條

元魏初稱制即有史臣雜取他官不常厥職故如崔浩高閭之徒唯知著述而未列名號其後始於

監修始此

秘書置著作局正郎二人佐郎四人其佐叅史者不過一二而已普泰以來叅史稍替別置修史局其職有六人當代都之時史臣每上奉王言下詢國俗兼取工於翻譯者來置史曹及洛京之末朝議又以爲國史當專任代人不宜歸之漢士於是以谷纂（綦儁）山偉更主文籍凡經二十餘年其事闕而不載斯蓋猶秉夷禮有互鄉之風者焉 其八條

高齊及周迄于隋氏其史官以大臣統領者謂之監修國史自領則近循魏代遠効江南叅雜其間變通而已唯周建六官改著作之正郎爲上士佐

郎爲下士名謚雖易而班秩不殊如魏收之檀名河朔柳虬之獨步關右王劭魏澹展効於開皇之朝諸葛潁劉炫宣功於大業之世亦各一時也其九條

暨皇家之建國也乃别置史館通籍禁門西京則與鸞渚爲鄰東都則與鳳池相接而舘宇華麗酒饌豐厚得厠其流者實一時之美事至咸亨年以職司多濫高宗喟然而稱曰朕甚懵焉乃命所司曲加推擇如有居其職而闕其才者皆不得預於修撰詔曰修撰國史義存典實自非操履忠正識量該通才學有聞難堪斯任如聞近日已來

但居此職郎知修撰非唯編緝訛舛亦恐漏洩史事自今宜遣史司精簡堪修史人灼然爲衆所推者錄名進內自餘雖居史職不得輒聞見所修史籍及未行用國史等之事由是史臣拜職多取外司著作一曹殆成虛設凡有筆削畢歸于館始自武德迄乎長壽其間若李仁實以直辭見憚敬播以叙事推工許敬宗之矯妄牛鳳及之狂惑此其善惡尤著者也其十條

又按晉令著作郎掌起居集注撰錄諸言行勳伐舊載史籍者元魏置起居令史每行幸讌會則在御左右紀錄帝言及賓客訓對後別置修起居注二人多以餘官兼掌至隋以吏部散官及校書正

四百九字

字開於述注著修之納言監領其事煬帝以爲古有内史外史令旣有著作宜立起居遂置起居舍人二員職隷中書省如庾自直崔濬祖虞世南蔡允恭等咸居其職時謂得人唐〔皇家〕氏因之又加置起居郎二員職與舍人同每天子臨軒侍立于玉階之下郎居其左舍人居其右人主有命則逼階延首而聽之退而編錄以爲起居注龍朔中改名左史右史今上卽位仍從國初之號焉高祖太宗時有令狐德棻呂才蕭鈞褚遂良上官儀高宗則天時有李安期顧胤高智周張大素凌季友斯並當

時得名朝廷所屬也夫起居注者編次甲子之書至於策命章奏封拜薨免莫不隨事記錄言惟詳審凡欲撰帝紀者皆稱之以成功令爲載筆之别曹立言之貳職故略述其事附於斯篇其十一條

又按詩邶風靜女之三章君子取其彤管夫彤管者女史記事規誨之所執也古者人君外朝則有國史內朝則有女史內之與外其任皆同故晉獻惑亂驪姬夜泣牀笫之私房中之事不得掩焉楚昭王讌遊蔡姬許從孤死矣夫宴私而有書事之冊蓋受命者即女史之流乎至漢武帝時有禁中

者

馮評 疑有俟文

何以獨舉公羊

起居注明德馬皇后撰明帝起居注凡斯著述似出宮中求其職司未聞位號隋世王劭上疏請依古法復置女史之班具錄內儀付于外省文帝不許遂不施行大抵自古史官其沿革廢置如此夫仲尼修春秋公羊高作傳漢魏之陸賈魚豢晉宋之張璠范曄雖身非史職而私撰國書若斯人者有異於是故不復詳而錄之 其十三條

夫爲史之道其流有二何者書事記言出自當時之簡勒成刪定歸於後來之筆然則當時草創者資乎博聞實錄若董狐南史是也後來經始者貴

于雋識通才若班固陳壽是也必論其事業前後不同然相須而成其歸一揆其十二條

觀夫周秦已往史官之取人其詳不可得而聞也至於漢魏已降則可得而言然多竊虛號有聲無實桉劉曹二史皆當代所撰能成其事者蓋唯劉珍蔡邕王沉魚豢之徒耳而舊史載其同作非止一家如王逸阮籍亦預其列且叔師研尋章句儒生之腐者也嗣宗沉湎麴蘖酒徒之狂者也斯豈能錯綜時事裁成國典乎而近代趨競之士尤喜居於史職至於措辭下筆者十無一二焉既而書

成繕寫則署名同獻爵賞既行則攘袂爭受遂使是非無準眞僞相雜生則厚誣當時死則致惑來代而書之譜傳以爲美談載之碑碣增其壯觀既而自歷行事稱其所長則云某代著某書某年成其史加封若干戶獲賜若干段諸如此類往往而有遂使讀者皆以爲名實相符功賞相副昔魏帝有舜禹之事吾知之矣此則効歟 其十四條

邑庠生張雲輅校

嘗　說

史通卷之十一

一百三十七字

史通卷第十二

唐鳳閣舍人彭城劉子玄撰

外篇

古今正史第二 總十八條

易曰上古結繩以理後世聖人易之以書契儒者云伏犧氏始畫八卦造書契以代結繩之政由是文籍生焉又曰伏犧神農黄帝之書謂之三墳言大道也少昊顓頊高辛唐虞之書謂之五典言常道也春秋傳載楚左史能讀三墳五典禮記曰外史掌三皇五帝之書由斯而言則墳典文義三五

典策至於春秋之時猶大行於世爰及後世其書不傳惟唐虞已降可得言者然自堯而往聖賢猶述求其一二髣髴存焉而後來諸子廣造奇說其語不經其書非聖故馬遷有言神農已前吾不知矣班固亦曰顓頊之事未可明也斯則墳典所記無得而稱者焉

右說三墳五典

堯舜相承已見墳典周監二代各有書籍至孔子討論其義刪爲尚書始自唐堯下終秦繆其言百篇而各爲之序屬秦爲不道坑儒禁學孔子之末

案

孫曰孔惠壁藏其書漢室龍興旁求儒雅聞故秦
博士伏勝能傳其業詔太常使掌固晁錯受焉時
伏生年且百歲言不可曉口授其書纔二十九篇
自是傳其學者有歐陽氏大小夏侯宣帝時復有
河內女子得泰誓一篇獻之與伏生所誦合三十
篇行之於世其篇所載年月不與序相符會又與
左傳國語孟子所引泰誓不同故漢魏諸儒謂馬融鄭
玄王肅也咸疑其繆古文尚書者即孔惠之所藏科斗
之文字也魯恭壞孔子舊宅始得之於壁中博士
孔安國以校伏生所誦增多二十五篇更以隸古

盧世清刻

字寫之編爲四十六卷司馬遷採其事故遷多有古說安國又受詔爲之訓傳值武帝末巫蠱事起經籍道息不獲奏上藏諸私家劉向取校歐陽大小夏侯三家經文脫誤甚衆至於後漢孔氏之本遂絕其有見於經典者諸儒皆謂之逸書馬融鄭玄杜預也王肅亦注今文尚書而大與古文孔傳相類或肅私見其本而獨秘之乎晉元帝時豫章內史梅賾始以孔傳奏上而缺舜典一篇乃取肅之堯典從愼徽以下分爲舜典以續之自是歐陽大小夏侯家等學馬融鄭玄王肅諸注廢而古文孔傳獨

訪

行列於學官永爲世範齊建武中吳興人姚方興采馬王之義以造孔傳舜典云於大航購得詣闕以獻舉朝集議咸以爲非梁武帝時爲博士議曰孔叙稱伏生誤合五篇蓋文句相連所以致誤舜典首有曰若稽古伏生雖云昏耄何容合之遂不見用也及江陵版蕩其文入北中原學者得而異之隋學士劉炫遂取此一篇列諸本第故今人所習尚書舜典元出於姚氏者焉

右說尚書

當周室微弱諸侯力爭孔子應聘不遇自衛而歸乃與魯君子左丘明觀書於太史氏因魯史記而

所

作春秋上遵周公遺制下明將來之法自隱及哀盡十二公行事經成以授弟子弟子退而異言丘明恐失其眞故論本事而爲傳明夫子不以空言說經也春秋所貶當世君臣其事實皆形於傳故隱其書而不宣所以免時難也及末世口說流行故有公羊穀梁鄒夾之傳鄒氏無師夾氏有錄無書故不顯於世漢興董仲舒公孫弘並治公羊其傳習者有嚴顏二家之學宣帝即位聞衛太子私好穀梁乃召名儒蔡千秋蕭望之等大議殿中因置博士平帝初立左氏逮於後漢儒者數廷毀之

會博士李封卒遂不復補（一作用）至和帝元興十一
年鄭興父子奏請重立於學官至魏晉其書漸行
而二傳亦廢今所用左氏本即杜預所注者

右說春秋

又當春秋之世諸侯國自有史故孔子求衆家史
記而得百二十國書如楚之書鄭之志魯之春秋
魏之紀年此其可得言者左丘明既配經立傳又
撰諸異同號曰外傳國語二十一篇斯蓋採書志
等文非唯魯之史記而已楚漢之際有好事者錄
自古帝王公侯卿大夫之世終乎秦末號曰世本

無至字

十五篇。春秋之後七雄並爭秦并諸侯則有戰國策三十三篇漢興太中大夫陸賈紀錄時功作楚漢春秋九篇孝武之世太史公司馬談欲錯綜古今勒成一史其意未就而卒子遷乃述父遺志採左傳國語刪世本戰國策據楚漢列時事上自黃帝下訖麟趾作十二本紀十表八書三十世家七十列傳凡百三十篇都謂之史記厥協六經異傳整齊百家雜語藏諸名山副在京師以俟後聖君子至宣帝時遷外孫楊惲祖述其書遂宣布焉而十篇未成有錄而已張晏漢書注云十篇遷沒後亡失此說非也元成之

遷

糺一作龍

無會稽二字

問會稽褚先生更補其缺作武帝紀三王世家龜策日者等傳其龜策日者辭多鄙陋非遷本意也

晉散騎常侍巴西譙周以遷書周秦巳上或采家人諸子不專據正經於是作古史考二十五篇皆憑舊典以糺其繆今則與史記並行於代焉

右說史記

史記所書年止漢武太初巳後闕而不錄其後劉向向子歆及諸好事者若馮商衛衡揚雄史岑梁審肆仁晉馮段肅金丹馮衍韋融蕭奮劉恂等相次撰續迄于哀平間猶名史記至建武中司徒掾

班彪以爲其言鄙俗不足以踵前史又雄歆僞褒新莽誤後惑衆不當垂之後代者也於是採其舊事旁貫異聞作後傳六十五篇其子固以父所撰未盡一家乃起元高皇終乎王莽十有二世二百三十年綜其行事上下通洽爲漢書紀表志傳百篇其事未畢會有上書云固私改作史記者有詔京兆收繫悉錄家書封上固弟超詣闕自陳明帝引見言固續父所作不敢改易舊書帝意乃解即出固徵詣校書受詔卒業經二十餘載至章帝建初中乃成固後坐竇氏事卒於洛陽獄書頗散亂

室

莫能綜理其妹曹大家叶攻平反博學能屬文奉詔校
敘又選高才郎馬融等十人從大家授讀其八表
及天文志等猶未克成多是待詔東觀馬續所作
而古今人表不類本書始自漢末迄乎陳世爲其
注解者凡二十五家至於專門受業遂與五經相
亞初漢獻帝以固書文煩難省乃詔侍中荀悅依
左氏傳刪爲漢紀三十篇命秘書給紙筆經五六
年乃就其言簡要亦與本傳並行

右說漢書

在漢中興明帝始詔班固與睢陽令陳宗長陵令

載記本此

尹敏司隸從事孟冀作世祖本紀并撰功臣及新
市平林公孫述事作列傳載記二十八篇自是以
來春秋世亦以煥炳而忠臣義士莫之撰勒於是
又詔史官謁者僕射劉珍及諫議大夫李尤雜作
紀表名臣節士儒林外戚諸傳起自建武訖乎永
初事業垂竟而珍尤繼卒復命侍中伏無忌與諫
議大夫黃景作諸王王子功臣恩澤侯表南單于
西羌傳地理志至元嘉元年復令太中大夫邊韶
大軍營司馬崔寔議郎朱穆曹壽雜作孝穆崇二
皇及順烈皇后傳又增外戚傳入安思等后儒林

此序中邁二謝
薛瑩張瑩表
山松劉義慶

列傳入崔篆諸人寔壽又與議郎延篤雜作百官
表順帝功臣孫程郭願及鄭衆蔡倫等傳凡百十
有四篇號曰漢紀嘉平中光祿大夫馬日磾議郎
蔡邕楊彪盧植著作東觀接續紀傳之可成者而
邕別作朝會車服二志後坐事徙朔方上書求還
續成十志會董卓作亂大駕西遷史臣廢棄舊文
散逸及在許都楊彪頗存注記至於名賢君子自
本初已下闕續魏黃初中唯著先賢表故記殘缺
至晉不成太始中秘書丞司馬彪始討論衆說一作
作綴其所聞起元光武終于孝獻錄世十二編年

漢

陸本刻

本書喪亂存者三十餘卷至隋僅有七卷

二百通綜上下旁引庶事爲紀志傳凡八十三篇
號曰續漢書又散騎常侍華嶠删定東觀記爲後
漢書帝紀十二皇后紀二三譜十典列傳七十總
九十七篇其十典竟不成而卒自斯已後作者相
繼爲編年者四族創紀傳者五家推其所長華氏
居最而遭晉室東徙三惟一存至宋宣城太守范
曄乃廣集學徒窮覽舊籍删煩補略作後漢書凡
十紀十志十八列傳合爲百篇會曄以罪被收其
十志亦未成而死先是晉東陽太守袁宏抄撮漢
氏後書依荀悅體著後漢紀十三篇世言漢中興

晉書華叔駿傳謂之漢後書与蔚宗不同故下有抄撮後書之語蓋不知者妄乙之也

史者唯范袁二家而已、
右說後漢書
魏史黄初太和中始命尚書衞覬繆襲草創紀傳累載不成又命侍中韋誕應璩秘書監王沉大將軍從事中郎阮籍司徒右長史孫該司隸校尉傅玄等復共撰定其後王沉獨就其業勒成魏書四十四卷其書多爲時諱殊非實録吳大帝之季年始命太史令丁孚郎中項峻撰吳書峻孚俱非史才其文不足紀録至少帝時更勑韋曜周昭薛瑩梁廣華覈訪求往事相與紀述並作之中曜瑩爲

首當歸命侯時廣昭先亡曜瑩徙黜史官久闕書遂無聞覈表請曜瑩續成前史其後曜獨終其書定爲五十五卷至晉受命海内大同著作陳壽乃集三國史撰爲國志凡六十五篇夏侯湛時亦著魏書見壽所作便壞已草而罷及壽卒梁州大中正范頵表言國志明乎得失辭多勸誡有益風化願垂採錄於是詔下河南尹就家寫其書先是魏時京兆魚豢私撰魏略事止明帝其後孫盛撰魏氏春秋王隱撰蜀記張勃撰吳錄異聞間出蜀本作錯宋本作間其流最多宋文帝以國志載事傷於簡略乃

甚

命中書郎裴松之兼採衆書補注其闕由是世言三國志者以裴注爲本焉

右說三國志

晉史洛京時著作郎陸機始撰三祖紀佐著作郎東晳又撰十志會中朝喪亂其書不存先是歷陽令陳郡王銓有著述才每私錄晉書及功臣行狀未就而卒子隱博學多聞受父遺業西都事跡多所詳究過江爲著作郎受詔撰晉史爲其同僚虞預所斥坐事免官家貧無資書未遂就乃依征西將軍庾亮於武昌鎮亮給其紙墨由是獲成凡爲

此序中漏虞預
謝沉沈約蕭子雲

隋志晉書有王隱
虞預朱鳳謝靈

晉書八十九卷咸康六年始詣闕奏上隱雖好述作而辭拙才鈍其書編次有序者皆銓所修章句混漫者必隱所作時尚書郎領國史干寶亦撰晉紀自宣訖愍七帝五十三年凡二十三卷其書簡略直而能婉甚爲當時所稱晉江左史官自鄧粲孫盛王韶之檀道鸞已下相次繼作遠則偏記兩帝近則唯敘六朝至宋湘東太守何法盛始撰晉中興書勒成一家首尾該備齊隱士東莞臧榮緒又集東西二史合成一書皇家貞觀中有詔以前後史十有八家制作雖多未能盡善乃勅史官更

書

運臧榮緒蕭子雲中
興書有何法盛晉紀
有陸機干寶曹嘉之
鄧粲宗劉謙之王韶之
徐廣郭季產陽秋
有習鑿齒孫盛檀
道鸞是為十八家
李上交近事會元云
唐太宗貞觀十六年重
撰晉書以臧榮緒書為
諸晉書主參攷諸家
甚詳然多浮豔細碎
為學者所譏唯李淳
風天文之類最佳

加纂録採正典與雜説數十餘部兼引僞史十六國書爲記十志二十列傳七十載記三十并序例目録合爲百三十二巻自是言晉史者皆棄其舊本競從新撰者焉

右説晉書

宋史元嘉中著作郎何承天草創紀傳自此以外悉委奉朝請山謙之補承天殘缺後又命裴松之續成國史松之尋卒史佐孫冲之表求别自創立爲一家言蜀本家下有之字宋本無孝建初又勑南臺侍御史蘇寶生續造諸傳元嘉名臣皆其所撰寶生被誅

世清刻

述文之通懷服善至此奈何有萬箭攢心之誚

大明六年又命著作郎徐爰踵成前作爰因何孫山蘇所述勒爲一書其臧質魯爽王僧達諸傳又皆孝武自造而序事多虛難以取信自永光已後至禪讓十餘年中闕而不載至齊著作郎沈約更補綴所遺製成雜史自義熙肇號終乎昇明三年爲紀十志三十列傳六十合百卷名曰宋書永明末其書既行河東裴子野更刪爲宋略二十卷沈約見而歎曰吾所不逮也由是世之言宋史者以裴略爲上沈書次之

右說宋書

始

三百三十二字

紀上有脫誤

南史作行卿

齊史江淹始受詔著述以史之所難無出於志故先著其志以見其才沈約復著齊紀二十篇紀八志十一列傳四十合成五十九篇時奉朝請吳均亦表請撰齊史乞給起居注并群臣行狀有詔齊氏故事布在流俗聞見既多可自搜訪也均遂撰齊春秋三十篇其書稱梁帝爲齊明佐命帝惡其實詔燔之然其私本竟能與蕭氏所撰並傳於後

梁天監中蕭子顯啓撰齊史爲表奏之詔付秘閣

錄而

右說齊書

梁史武帝時沈約與給事中周興嗣步兵校尉鮑衡卿秘書監謝吳相承撰錄已有百篇值承聖淪

沒並從焚蕩廬江何之元沛國劉璠以所聞見究
其始末合撰梁典三十篇而紀傳之書未有其作
陳祠部郎中姚察有志撰勒施功未周但既當朝
務兼修國史至於陳亡其書不就

右說梁書

陳史初有吳郡顧野王北地傅縡各爲撰史學士
其武文二帝紀即顧傅所修太建初中書郎陸瓊
續撰諸篇事傷煩雜姚察就加刪改粗有條貫及
江東不守持以入關隋文帝常索梁陳事跡察具
以所成每篇續奏而依違荏苒竟未絕筆皇家貞

三百四十四字

觀初其子思廉爲著作郎奉詔撰成二史於是憑其舊藁加以新錄彌歷九載方始畢功定爲梁書五十六卷陳書三十六卷今並行世焉

右說陳書

十六國史前趙劉聰時領左國史公師彧撰高祖本紀及功臣傳二十人甚得良史之體凌修譖其訕謗先帝聰怒而誅之劉曜時平輿子和苞撰漢趙記十篇事止當年不終曜滅後趙石勒命其臣徐光宗歷傳暢郭愔等撰上黨國記起居注趙書其後又令王蘭陳宴程陰徐機等相次撰述至石虎

並令刊削使勒功業不傳其後燕太傅長史田融宋尚書庫部郎郭仲產北中郎叅軍王度追撰石事集鄴都記趙紀等書前燕有起居注杜輔全録以爲燕紀後燕建興元年董統受詔草創後書著本紀并佐命功臣王公列傳合三十卷慕容垂稱其敘事富贍足成一家之言但褒述過美有慙董史之直其後申秀范亨各取前後二燕合成一史南燕有趙郡王景暉嘗事德超撰二主起居注超亡仕於馮氏官至中書令仍撰南燕録六卷蜀初號曰成後改稱漢李勢散騎常侍常璩撰漢書十

卷後入晉秘閣改爲蜀李書璩又撰華陽國志具
記李氏滅前涼張駿十五年命其西曹邊瀏集内
外事以付秀才索綏作涼國春秋五十卷又張重
華護軍參軍劉慶在東苑專修國史二十餘年著
涼記十二卷建康太守索暉從事中郎劉昞又各
著涼書前秦史官初有趙淵車敬梁熙韋譚相繼
著述苻堅嘗取而觀之見苟太后幸李威事怒而
焚滅其本後著作郎董誼追録舊語十不一存及
宋武帝入關曾訪秦國事又命梁州刺史吉翰問
諸仇池並無所獲先是秦秘書郎趙整參撰國史

值秦滅隱於南洛山著書不輟有馮翊車頻助其經始（一作贊）整卒翰乃啓頻纂成其書以元嘉九年起至二十八年方罷定爲三卷而年月失次首尾不倫河東裴景仁又正其訛僻删爲秦記十一篇後秦扶風馬僧虔河東衛隆景並著秦史及姚氏之滅殘缺者多泓從弟和都仕魏爲左民尚書又追撰秦紀十卷夏天水趙思群北地張淵於眞興承光之世並受命著其國書及統萬之亡多見焚燒西涼與西秦北燕其史或當代所書或他邦所錄段龜龍記呂氏宗欽記禿髮氏韓顯宗記呂馮

三百八十一字

氏唯此三者可知自餘不詳誰作魏世黄門侍郎崔鴻乃考覈衆家辨其同異除煩補闕錯綜綱紀易其國書曰録主紀曰傳都謂之十六國春秋鴻始以景明之初求諸國逸史逮至始元年鳩集稽備而以猶闕蜀事不果成書推求十有五年始於江東購獲乃增其篇目勒爲十卷鴻没後永安中其子繕寫奏上請藏諸秘閣由是僞史宣布大行於時

右說十六國春秋

元魏史道武時始令鄧淵著國記爲十卷而條例

正　成百　唯

未成曁平元明廢而不述神䴥二年又詔集諸文士崔浩浩弟覽高閭鄧潁晁維范亨黄輔等撰國書爲十卷又特命浩總監史任務從實録復以中書郎高允散騎侍郎張偉並參著作續成前史書敘述國事無隱惡而刊石寫之以示行路浩坐此夷三族同作死者百二十八人自是遂廢史官至文成帝和平元年始復其職而以高允典著作修國記允年已九十手目俱衰時有校書郎中劉模長於緝綴乃令執筆而口占授之如是者五六歲所成篇卷模有力焉初國記自鄧崔以下皆相承

作編年體至孝文大和十一年詔秘書丞李彪著作郎崔光始分爲紀傳異科宣武時命邢巒追撰孝文起居注既而崔光遵業補續下訖孝明之世溫子昇復修孝武紀濟陰王暉業撰辨宗室錄魏史官私所撰盡於斯矣齊天保二年勑秘書監魏收博採舊聞勒成一史又令刁柔辛元植房延祐眭仲讓裴昂之高孝幹等助其編次收所取史官懼相凌忽故刁辛諸子並乏史才唯以髣髴學流憑附得進於是大徵百家譜狀斟酌以成魏書上自道武下終孝靖紀傳與志凡百三十卷收諂齊

氏於魏室多不平既黨北朝又厚誣江左性憎勝
已喜念舊惡甲門盛德與之有怨者莫不被以醜
言沒其善事遷怒所至毀及高曾書成始奏詔收
於尚書省與諸家論討前後列訴者百有餘人時
尚書令楊遵彥一代貴臣勢傾朝野收撰其家傳
甚美是以深被黨援諸訟史者皆獲重罰或有斃
於獄中羣怨謗聲不息孝昭世勑收更加研審然
後宣布於外武成嘗訪諸羣臣猶云不實又令治
改其所變易甚多由是世薄其書號爲穢史至隋
開皇勑著作郎魏澹與顏之推辛德源更撰魏書

矯正收失濫以西魏爲眞東魏爲僞故文恭列紀
孝靖稱傳合紀傳論例總九十二篇煬帝以澹書
猶未能善又勑左僕射楊素別撰學士潘徽褚亮
歐陽詢等佐之會素薨而止今世稱魏史者猶以
收本爲主焉

右說後魏書

高齊史天統初太常少卿祖孝徵述獻武起居名
曰黄初傳天録時中書侍郎陸元規常從文宣征
討著皇帝實錄惟記行師不載他事自武平後史
官楊休之杜臺卿祖崇儒崔子發等相繼注記逮

於齊滅隋秘書監王劭內令史李德林並少仕鄴中多識故事王乃憑述起居注廣以異聞造編年書號曰齊志十有六卷其序云二十卷今世間傳者唯十六卷焉李在齊預修國史創紀傳書二十七卷至開皇初奉詔續撰增多齊史三十八篇已上送官藏之秘府皇家貞觀初勑其子中書舍人百藥仍其舊錄雜採他書演爲五十卷今之言齊史者唯王李二家云

右說北齊書

宇文周史大統年有秘書丞柳虬兼領著作直辭正色事有可稱至隋開皇中秘書監牛弘追撰周

文

紀十有八篇略敘紀綱仍皆牴牾皇家貞觀初勑
秘書丞令狐德棻秘書郎岑文本共加修緝定爲
周書五十卷

右說後周書

隋史當開皇仁壽時王劭爲書八十卷以類相從
定其篇目至於編年紀傳並闕其體煬帝世唯有
王胄等所修大業起居注及江都之禍仍多散逸
皇家貞觀初勑中書侍郎顏師古給事中孔穎達
共撰成隋書五十五卷與新撰周史並行於時初
太宗以梁陳及齊周隋氏並未有書乃命學士分

修事具於上仍使秘書監魏徵總知其務凡有贊論徵多預焉始以貞觀三年創造至十八年方就唯姚思廉貞觀二年起功多於諸史一歲合五代紀傳并目錄凡二百五十二卷書成下於史閣唯有十志斷爲三十卷尋擬續奏未有其文又詔左僕射于志寧太史令李淳風著作郎韋安仁符璽郎李延壽同撰其先撰史人唯令狐德棻重預其事太宗崩後刊勒始成其篇第雖編入隋書其實別行俗呼爲五代史志

右說隋書

惟大唐之受命也義寧武德間工部尚書温大雅首撰創業起居注三篇自是司空房玄齡給事中許敬宗著作佐郎敬播相與自立編年體號爲實錄迄乎三帝世有其書貞觀初姚思廉始撰紀傳粗成三十卷至顯慶元年太尉長孫無忌與于志寧令狐德棻著作郎劉胤之楊仁卿起居郎顧胤等因其舊作綴以後世復爲五十卷雖云繁雜時有可觀龍朔中[illegible]又以太子少師揔統史任更增前作混成百卷如高宗本紀及永徽名臣四夷等傳多是其所造又起草十志未半而終敬宗所

作紀傳或曲希時旨或猥釋私憾凡有毀譽多非實錄必方諸魏伯起亦猶張衡之蔡邕焉其後左史李仁實續撰于志寧許敬宗李義府等傳載言紀事見推直筆惜其短世一作歲功業未終至長壽中春官侍郎牛鳳及又斷自武德終于弘道撰爲唐書百有十卷鳳及以喑聾不才而輒議一代大典凡所纂錄皆素責私家行狀而世人敘事不能自達或言皆比興全類咏歌或語多鄙樸實同文案而總入編次了無釐革其有出自胸臆申其機杼發言則嗤鄙怪誕敘事則參差倒錯故閱其篇

第豈謂可觀披其章句不識所以既而悉收姚許諸本欲使其書獨行由是皇家舊事殘缺殆盡長安中余與正諫大夫朱敬則司封郎中徐堅左拾遺吳兢奉詔更撰唐書勒成八十卷神龍元年又與堅兢等重修則天實錄編爲三十卷夫舊史之壞其亂如繩錯綜艱難朞月方畢雖言無可擇事多遺恨庶將來削稾猶有憑焉大抵自古史臣撰録其梗槩如此蓋屬詞比事以月繫年爲史氏之根本作生人之耳目者略盡於斯矣自餘偏記小說則不暇具而論之

右説唐書

郡庠生唐文獻校

史通卷之十二

史通卷第十三

唐鳳閣舍人彭城劉子玄撰

外篇

疑古第三 總十二條

蓋古之史氏區分有二焉一曰記言二曰記事而古人所學以言爲首至若虞夏之典商周之誥仲虺周任之言史佚臧文之說凡有遊談專對獻策上書者莫不引爲端緒歸其的準其於事也則不然至若少昊之以鳥名官陶唐之以御龍拜職夏氏之中衰也其盜有后羿寒浞齊邦之始建也其

君有蒲姑伯陵斯並開國承家異聞奇事而後世學者罕傳其說唯夫博物君子或粗知其一隅此則記事之史不行而記言之書見重斷可知矣及左氏之為傳也雖義釋本經而語雜他事遂使兩漢儒者嫉之若讎故二傳大行擅名後世又孔門之著述也論語專述言辭家語兼陳事業而自古學徒相授唯稱論語而已由斯而談並古人輕事重言之明效也然則上起唐堯下終秦繆其書所錄唯有百篇而書之所載以言為主至於廢興行事萬不記一語其缺略可勝道哉故今後人有言

於錄

唐虞以下帝王之事未易明也按論語曰君子成人之美不成人之惡又曰成事不說事已成不可復解說遂事不諫事已遂不可復諫止既往不咎事已往不可復追咎又曰民可使由之不可使知之由用也可使用而不可使知者百姓日用而不能知自此引經四處注皆全寫先儒所釋也夫聖人立教其言若是在於史籍其義亦然是以美者因其美以美之雖有其惡不之毀也之一作加惡者因其惡而惡之雖有其美不之譽也之一作加故孟子曰堯舜不勝其美桀紂不勝其惡魏文帝曰舜禹之事吾知之矣漢景帝曰學者不言湯武受命不爲愚斯並曩賢精鑒已有先覺

陸本刻

而拘於禮法限以師訓雖口不能言而心知其不可者蓋亦多矣又案魯史之有春秋也外爲賢者内爲本國事靡洪纖動皆隱諱斯乃周公之格言然何必春秋在於六經亦皆如此故觀夫子之刊書也夏桀讓湯武王斬紂其事甚著而芟夷不存此事出周書案周書是孔子删尚書之餘以成其録也觀夫子之定禮也隱閔非命惡視不終而奮筆昌言云魯無篡弑觀夫子之刪詩也凡語國風皆有怨刺在於魯國獨無其章魯多淫僻豈無刺詩蓋夫子刪去而不録觀夫子之論語也君娶於吳是謂同姓而司敗發問對以知禮斯驗聖人

孔傳云能明俊德之士任用之

之飾智矜愚愛憎由己者多矣加以古文載事其詞簡約推者難詳缺漏無補遂令後來學者莫究該本源蒙然靡察有如聾瞽今故訐其疑事以著于篇凡有十條列之於後

其一條

盖虞書之美放勛也云克明俊德而陸賈新語又浚曰堯舜之臣比屋可封盖因堯典成文而廣造奇說也按春秋傳云高陽高辛二氏各有才子八人謂之元凱此十六族也世濟其美不隕其名以至於堯堯不能舉帝鴻氏少昊氏顓頊氏各有不才子謂之渾沌窮奇檮杌此三族也世濟其凶增其

惡名以至于堯堯不能去縉雲氏亦有不才子天下謂之饕餮以比三族俱稱四凶而堯亦不能去斯則當堯之世小人君子比肩齊列善惡無分賢愚共貫但論語有云舜舉咎繇不仁者遠是則當咎繇未舉不仁甚多彌驗堯時群小在位者矣又安得謂之克明俊德比屋可封者乎其疑一也其二
條

堯典序又云將遜于位讓于虞舜孔氏注曰堯知子丹朱不肖故有禪位之志按汲冢瑣語云舜放堯於平陽而書云某地有城以囚堯爲號識者憑

且

斯異說頗以禪授爲疑然則觀此二書已足爲證
者矣而猶有所未覩也何者據山海經謂放勛之
子爲帝丹朱而列君於帝者得非舜雖廢堯仍立
堯子俄又奪其帝者乎觀近有姦雄奮發自號勤
王或廢父而立其子或黜兄而奉其弟始則示相
推戴終亦成其篡奪求諸歷代往往而有必以古
方今千載一揆斯則堯之授舜其事難明謂之讓
國徒虛語耳其疑二也其三條
虞書舜典又云五十載陟方乃死注云死蒼梧之
野因葬焉按蒼梧者於楚則川號汨羅在漢則邑

馮評遷房陵者王遷非嘉也

稱零桂地總百越山連五嶺人風婐劃地氣歊瘴雖使百金之子猶憚經履其途況以萬乘之君而堪巡幸其國且舜必以精華既竭形神告勞捨茲寶位如釋重負何得以垂歿之年更踐不毛之地無復二妃不從怨曠生離萬里無依孤魂溘盡讓王高蹈豈其若是者乎歷觀自古人君廢逐若夏桀放於南巢趙嘉遷於房陵周王流彘楚帝徙郴語其艱棘未有如斯之甚也斯則陟方之死其殆文命之志乎其疑三也其四條

汲冢書云舜放堯於平陽益爲啓所誅又曰太甲

殺伊尹文王殺季歷凡此數事語異正經其書近出世人多不之信也按舜之放堯文之殺季無事別說足驗其情已於此篇前後言之詳矣夫惟益與伊尹受戮並於正書猶無其證推而論之如啓之誅益仍可覆也何者舜廢堯而立丹朱禹黜舜而立商均益手握機權勢同舜禹而欲因循故事坐膺天祿其事不成自貽伊咎觀夫近古篡奪桓獨不全馬仍反正若啓之誅益亦猶晉之殺玄乎若舜禹相代事業皆成雖益覆車伏辜夏后亦猶桓効曹馬而獨致元興之禍者乎其疑四也其五條

湯誥云湯伐桀戰于鳴條又云湯放桀於南巢唯有慙德而周書殷祀篇稱桀讓湯王位云云此則有異於尚書如周書之所說豈非湯旣勝桀力制夏人使桀推讓歸王於巳盖欲比跡堯舜襲其高名者乎又按墨子云湯以天下讓務光而使人說曰湯欲加惡名於汝務光遂投清泠之泉而死湯乃卽位無疑然則湯之飾讓僞跡甚多考墨家所言雅與周書相會夫書之作本出尚書孔父截翦浮詞裁成雅語去其鄙事直云慙德豈非欲滅湯之過增桀之惡者乎其疑五也 其六條

三百七十六字

說　誥

夫五經立言千載猶仰而求其前後理甚相乖何者稱周之盛也則云三分有二商紂爲獨夫語殷之敗也又云紂有臣億萬人其亡流血漂杵斯則是非無準向背不同者焉又按武王爲秦誓數紂過失亦猶近代之有呂相爲晉絕秦陳琳爲袁擻魏欲加之罪能無辭乎而後來諸子承其僞說竟列紂罪有倍五經故孔子曰桀紂之惡不至是君子惡居下流班生亦云安有據婦人臨朝劉向又曰世人有弑父害君桀紂不至是而天下惡者皆以桀紂爲先此其自古言辛癸之罪將非厚誣者

競

獨評千古定言

乎其疑六也 其七條

微子之命篇云殺武庚按禄父即商紂之子也屬

社稷傾覆家國淪亡丈首梟懸毋軀分裂永言怨

耻生死莫二向使其俟服事周而全軀保其妻子

也仰天俯地何以爲生含齒戴髮何以爲貌既而

合謀二叔徇節三監雖君親之怨不除而臣子之

誠可見考諸名教生死無慙議者苟以其功業不

成便以頑人爲目必如是則有君若夏少康有臣

若伍子胥向若隕讎雪怨衆敗身滅亦當隸跡醜

徒編名逆黨者邪其疑七也 其八條

論語曰大矣周之德也三分天下有其二猶服事殷按尚書云西伯戡黎殷始咎周夫姬氏爵乃諸侯而輙行征伐結怨王室殊無愧畏此則春秋荆蠻之滅諸姬論語季氏之伐顓臾也又按其書曰朱雀云云文王受命稱王云云夫天無二日地惟一人有殷猶存而王號遽立此卽春秋楚及吳越僭號而陵天子也然則戡黎滅崇自同王者服事之道理不如斯亦猶近者魏司馬文王害權臣黜少帝坐加九錫行駕六馬及其沒也而荀勗猶謂之人臣以終盖姬之事殷當比馬之臣魏必稱周

曾 凌

德之大者不亦虛爲其設乎其疑八也 其九條
論語曰太伯可謂至德也已三以天下讓民無德
而稱焉按呂氏春秋所載云云 斯則太王鍾愛厥
孫將立其父太伯年居長嫡地實妨賢向若强顏
苟視懷疑不去大則類衞伋之誅小則同楚建之
逐雖欲勿讓君親其立諸且太王之殂太伯來赴
季歷承考遺命推讓厥昆太伯以形質已殘有辭
獲免原夫毀兹玉體從彼被髮者本以外絕嫌疑
內釋猜忌譬雄雞自斷其尾用獲免於人犧者焉
又按春秋晉士蔿申生之將廢也曰爲吳太伯猶
見

三百七十九字

有令名斯則太伯申生事如一體直以出處有異
故成敗不同若夫子之論太伯也必美其因病成
姸轉禍爲福斯則當矣如云可謂至德者無乃謬
爲其譽乎其疑九也其十條
尚書金縢篇云管蔡流言公將不利於孺子左傳
云周公殺管叔而放蔡叔夫其不愛王室故也按
尚書君奭篇序云召公爲保周公爲師相成王爲
左右召公不說斯則旦行不臣之禮挾震主之威
跡居疑似坐招訕謗雖奭以亞聖之德負明允之
才目覩其事猶懷憤懣況彼二叔者才處中人地

居下國側聞異議能不懷猜原其推戈反噬事由誤我而周公自以不誠遽加顯戮與夫漢代赦淮南明帝寬阜陵一何遠哉斯則周公於友于之義薄矣而詩之所述用爲美談者何哉其疑十也其十

條

大抵自春秋以前尚書之世其作者述事如此今取其正經雅言理有難曉諸子異說義或可憑參而會之以相研覈如異於此則無論焉夫遠古之書與近古之史非唯繁約不類故亦向背皆殊何者近古之史也言唯詳備事罕甄擇使夫學者覩

蜀本第十四段於惑經

一邦之政則善惡相參觀一主之才而賢愚殆半至於遠古則不然夫其所錄也略舉綱維務存褒諱尋其終始隱没者多嘗試言之向使漢魏晉宋之君生於上代堯舜禹湯之主出於中葉俾史官易地而書各敘時事校其得失固未可量若乃輪扁稱其糟粕孔氏述其傳疑孟子曰盡信書不如無書武成篇吾取其二三簡推此而言則遠古之書其妄甚矣豈比夫王沉之不實沈約之多詐若斯而已哉其十三條

惑經第四　魏二十三條

昔孔宣父以大聖之德應運而生生人已來未之
有也故使三千弟子七十門人鑽仰不及請益無
倦然則尺有所短寸有所長其間切磋酬對頗亦
互聞得失何者覩仲由之不悅則矢天厭以自明
荅言偃之弦歌則稱戲言以釋難斯則聖人之設
教其理含弘或援誓以表心或稱非以受屈豈與
夫庸儒末學文過飾非使夫問者緘辭杜口懷疑
不展若斯而已哉嗟夫古今世殊師授路隔恨不
得親膺洒掃陪五尺之童躬奉德音撫四科之友
而徒以研尋蠹簡穿鑿遺文菁華久謝糟粕爲偶

遂使理有未達無由質疑是用握卷躊躇揮毫悱憤儻梁木斯壞魂而有靈敢効接輿之歌輙同林放之問但孔氏之立言行事刪詩讃易其義既廣難以具論今惟摭其史文評之於後其一條

按夫子所修之史是曰春秋切詳春秋之義其所未諭者有十二何者趙孟以無辭伐國貶號爲人杞伯以夷禮來朝降爵稱子虞班晉上惡貪賄而先書楚長晉盟譏無信而後列此則人倫臧否在我筆端直道而行夫何所讓奚爲齊鄭及楚國有弑君各以疾赴遂皆書卒昭九年公子圍弑其君郟敖襄七年鄭子駟弑

其君僖公十年齊人弒其君悼公而春秋但書云楚子麇卒鄭伯髡頑卒齊侯陽生卒夫臣弒其君子弒其父凡在含識皆知耻懼苟欺而可免則誰不願然且官爲正卿返不討賊地居冢嫡藥不親嘗遂皆被以惡名播諸來葉必以彼三逆方茲二弒躬爲梟獍則漏網遺名跡涉瓜李乃凝脂顯錄嫉惡之情豈其若是其所未諭一也其三條又案齊乞野幕之弒事起陽生楚靈乾谿之縊禍由常壽而春秋捐其首謀捨其親弒乞謂齊陳乞比謂楚公子比也亦何異魯酒薄而邯鄲圍城門火而魚池及必如是則邾之闇者私憾射姑以其君急而好潔可

茶

行欺以激怒遂傾瓶水沃庭俾廢爐而爛卒斯亦罪之大者曷不書弑乎宜書云閽弑郝子其所未諭二也

其三條

蓋明鏡之照物也妍媸必露不以毛嬙之面或有疵瑕而寢其鑒也虛空之傳響也清濁必聞不以綿駒之歌時有誤曲而輟其應也夫史官執簡宜類於斯苟愛而知其醜憎而知其善善惡必書斯爲實錄觀夫子修春秋也多爲賢者諱狄實滅衛因桓耻而不書河陽召王成文美而稱狩斯則情兼向背志懷彼我苟書法其如是也豈不使賢人

君子靡憚憲章雖玷白圭無慙良史也其所未諭三也其四條

哀八年及十三年公再與吳盟而皆不書八年注云不書盟恥吳夷也十三年注云盟不書諸侯恥之故不錄也桓二年公及戎盟戎實豺狼非我族類夫非所諱而仍諱謂當恥而無恥求之折衷未見其宜其所未諭四也其五條

諸國臣子非卿不書必以地來奔則雖賤亦志斯豈非國之大事不可限以常流者邪如陽虎盜入于讙擁陽關而外叛傳具其事經獨無聞何哉且弓玉云亡猶獲顯記城邑失守反不沾書略大存

也

小理垂懲勸其所未諭五也（其六條）

按諸侯世嫡嗣業居喪既未成君不避其諱此春秋之例也何爲般野之歿皆書以名而惡視之殂直云子卒其所未諭六也（其七條）

凡在人倫不得其死者邦君巳上皆謂之弒卿士巳上通謂之殺此又春秋之例也按桓二年書曰宋督弒其君與夷及其大夫孔父僖十年又曰晉里克弒其君卓及其大夫荀息（及宜改爲殺）夫臣當爲殺而稱及與君弒同科苟弒殺不分則君臣靡別者矣（公羊傳曰及者何累也雖有此釋其義難通既未釋此疑共編於未諭他皆倣此也）其

所未諭七也　其八條

夫臣子所書君父是黨雖事乖正直而理合名教如魯之隱桓戕弑昭哀放逐姜氏淫奔子般夭酷斯則邦之孔醜諱之可也如公送晉葬公與吳盟爲齊所止爲邾所敗盟而不至會而後期並諱而不書豈非煩碎之甚且按汲冢竹書與晉春秋及紀年之載事也如重耳出奔惠公見獲書其本國皆無所隱唯魯春秋之記其國也則不然何者國家之事無大小苟涉嫌疑動稱恥諱厚誣來世奚獨多乎其所未諭八也　其九條

其

北燕伯于陽燕伯
于陽者何

案昭十二年齊納北燕伯者何燕伯于陽公子陽生也左傳曰納北燕伯款于唐唐杜注云陽即唐燕之别邑子曰我乃知之矣在側者曰子苟知之何以不革曰如爾所不知何夫如是夫子之修春秋皆遵彼乖僻習其訛謬凡所編次不加刊改者矣何爲其間則一褒一貶時有弛張或沿或革曾無定體其所未諭九也其十條又書事之法其理宜明使讀者求一家之廢興則前後相會討一人之出入則始末可尋如定六年書鄭滅許以許男斯歸而哀元年書許男與楚圍蔡夫許既滅矣君執家亡能重列諸侯舉兵圍國

伯于陽
陽

傳雖闕載而杜氏謂蓋楚討之已得其師從矣

者何哉蓋其間行事必當有說經既不書傳又闕載鈌略如此尋繹難知其所未諭十也（其十一條）桉晉自魯閔公已前未通於上國至僖二年滅下陽已降漸見於春秋蓋始命行人自達於魯也而瓚語春秋載魯國閔公時事言之甚詳斯則聞事必書無假相赴者也蓋當時魯史他皆倣此至於夫子所修也則不然凡書異國皆取來告苟有所告雖小必書如無其告雖大亦闕故宋飛六鷁小事也以有告而書之晉滅三邦大事也（謂滅耿滅魏滅霍也）以無告而闕之用使巨細不均繁省失中比夫諸

三百九十六字

國史記奚事獨爲疎闊尋兹例之作也蓋因周禮舊法魯策成文夫子既撰不刊之書爲後王之則豈可仍其過失而不中規矩者乎其所未諭十一也其十二條

蓋君子以博聞多識爲工良史以實録直書爲貴而春秋記他國之事必憑來者之辭而來者所言多非其實或兵敗而不以敗告君弑而不以弑稱或宜以名而不以名或應以氏而不以氏或春崩而以夏聞或秋葬而以冬赴皆承其所説而書遂使眞僞莫分是非相亂其所未諭十二也其十三條

凡所未諭其類尤多靜言思之莫究所以豈夫子之墻數仞不得其門者歟將丘也幸苟有過人必知之者歟如其與奪請謝不敏（其下四條）又世人以夫子固天攸縱將聖多能便謂所著春秋善無不備而審形者少隨聲者多相與雷同莫知指實權而爲論其虛美者有五焉按古者國有史官具列時事觀汲墳所記（墳一作冢）皆與魯史符同至如周之東遷其說稍備隱桓已上難得而詳此之煩省皆與春秋不別又獲君曰止誅臣曰刺殺其大夫曰執我行人鄭棄其師隕石于宋五（其事並出）

竹書紀年唯鄭棄師出璜語晉春秋也諸如此句多是古史全文則知夫子之所修者但因其成事就加雕飾仍舊而巳有何力哉加以史策有闕文時月有失次皆存而不正無所用心斯又不可觸而殫說矣而太史公云夫子爲春秋筆則筆削則削子夏之徒不能贊一辭其虛美一也其十五條

又案宋襄公執滕子而誣之以得罪楚靈王弒郟敖而赴之以疾亡春秋皆承告而書曾無變革是則無辜者反加以罪有罪者得隱其辜求諸勸戒其義安在而左丘明論春秋之義云或求名而不

得或欲盖而名彰善人勸焉淫人懼焉其虛美二也其六十六條

又春秋之所書本以襃貶爲主故國語晉司馬侯對其君悼公曰以其善行以其惡戒可謂德義矣公曰孰能對曰羊舌肸習於春秋至於董狐書法而不隱南史執簡而累進又甯殖出君而卒自憂名在策書故知當時史臣各懷直筆斯則有犯必死書法無捨者矣自夫子之修春秋也蓋他邦之簒賊其君者有三謂齊鄭楚已解於上本國之殺逐其君者有七隱閔般惡視五君被弑昭哀二王被逐也莫不缺而靡錄使其有

瑀評此則幾於惡口矣

逃名者而孟子云孔子成春秋亂臣賊子懼無乃烏有之談歟其虛美三也 其十七條

又按春秋之文雖有成例或事同書異理殊畫一故太史公曰孔氏著春秋隱桓之間則彰至定哀之際則微爲其切當世之文而罔褒諱之辭也斯則危行言遜吐剛茹柔推避以求全依違以免禍而孟子云孔子曰知我者其惟春秋罪我者其惟春秋乎其虛美四也 其十八條

按趙穿殺君而稱宣子之弒江乙亡布而稱令尹所盜此則春秋之世有識之士莫不微婉其辭隱

晦其說斯蓋當時之恒事習俗所常行而固云仲
尼没而微言絕觀微言之作豈獨宣父者邪其虛
美五也　其十九條
考兹衆美徵其本源良由達者相承儒教傳授既
欲神其事故談過其實語曰衆善焉必察之孟子
曰堯舜不勝其美桀紂不勝其惡尋世之言春秋
者得非覩衆善而不察同堯舜之多美者云　其二十條
昔王充設論有問孔之篇雖論語羣言多見指擿
而春秋雜義曾未發明是用廣彼舊疑增其新覺
將來學者幸爲詳之　其二十一條

三百五十七字

此論既興于是荆公遂有斷爛朝報之說

郡庠生張齊顏校

史通卷之十三

蜀本連惑經後篇第十四

史通卷第十四

唐鳳閣舍人彭城劉子玄撰

外篇

申左第五

古之人言春秋三傳者多矣戰國之世其事罕聞當前漢專用公羊宣皇已降穀梁又立於學至成帝世劉歆始重左氏而竟不列學官大抵自古重兩傳而輕左氏者固非一家美左氏而譏兩傳者亦非一族互相攻擊各自朋黨聾聒紛競是非莫分然則儒者之學苟以專精爲主至於治章句通

訓釋斯則可也至於論大體舉宏綱則言罕兼統
理無要害故使今古疑滯莫得而申者焉必揚推
而論之言傳者固當以左氏爲首但自古學左氏
者談之又不得其情如賈逵撰左氏長義稱在秦
者爲劉氏乃漢室所宜推先但取悅當時殊無足
採又桉桓譚新論曰左氏傳於經猶衣之表裏而
東觀漢記陳元奏云光武興立左氏而桓譚衛宏
並共毀訾故中道而廢班固藝文志云丘明與孔
子觀魯史記而作春秋有所貶損事形於傳懼罹
時難故隱其書末世口說流行遂有公羊穀梁鄒

氏夾氏諸傳而於固集復有難左氏九條三評等科夫以一家之言一人之說而參差相背前後不同斯又不足觀也夫解難者以理爲本如理有所闕欲令有識心伏不亦難乎今聊次其所疑列之於後

蓋左氏之義有三長而二傳之義有五短桉春秋昭二年韓宣子來聘觀書於太史氏見魯春秋曰周禮盡在魯矣吾乃今知周公之德與周之所以王也然春秋之作始自姬旦成諸仲尼丘明之傳所有筆削及發凡例皆得周典杜預釋例公羊穀梁之論春秋皆因

杜云周人司周書典籍之官

事以起問因所問以辨義之精者曲以所通無他凡例也左丘明則周周禮以爲本諸稱凡以發例者皆周公之舊制者也傳孔子教故能成不刊之書著將來之
法其長一也又按哀三年魯司鐸火南宮敬叔命
周人出御書之時於魯文籍最備丘明既躬爲太
史博總羣書至如檮杌紀年之流鄭書晉志之類
凡此諸籍莫不畢覩其傳廣包他國每事皆詳其
長二也論語子曰左丘明恥之丘亦恥之夫以同
聖之才而膺授經之託加以達者七十弟子三千
遠自四方同在一國於是上詢夫子下訪其徒凡
所採摭實廣聞見其長三也如穀梁公羊者生於

無者字

異國長自後來語地則與魯史相違論時則與宣
尼不接安得以傳聞之說而與親見者爭先乎譬
猶近世漢之太史晉之著作撰成國典時號正言
旣而先賢耆舊（謂楚國先賢傳汝南先賢行狀益部耆舊傳襄陽耆舊傳等書）語
林世說競造異端强書他事夫以傳自委巷而將
班馬抗衡訪諸古老而與子孫並列斯則難矣彼
二傳之方左氏亦奚異於此哉其短一也左氏述
臧哀伯諫桓納鼎周内史美其讜言王子朝告于
諸侯閔馬父嘉其辨說凡如此類其數實多斯盖
當時發言形於翰墨立言不朽播於他邦而丘明

仍其本語就加編次亦猶近代史記載樂毅李斯之文漢書錄晁錯賈生之筆尋其實也豈是子長藁削孟堅雕黃所構者哉觀二傳所載有異於此其錄人言也語乃齟齬（一作齟齬）文皆瑣碎夫如是者何哉蓋彼得史臣之簡書此傳流俗之口說故使隆促各異豐儉不同其短二也尋左氏載諸大夫詞令行人應荅其文典而美其語博而奥（如僖伯諫君觀魚富辰諫王納帶王孫勞楚而論九鼎季札觀樂而談國風其所援引皆據禮經之類是也）述遠古則委曲如存（如郯子聘魯言少昊以鳥名官季孫行父稱舜舉八元八凱魏絳荅晉悼公引虞人之箴子革諷楚靈王誦祈招之詩其事明白非厚誣之類）徵近代則

秋

循環可覆。如呂相絕秦述兩國世隙韓子班荊稱楚材晉用晉士渥濁諫殺荀林父說晉文公敗楚於濮有憂色子服景伯謂吳云楚圍宋易子而食析骸以爨猶無城下之盟祝佗稱踐土盟晉重耳魯申蔡甲午之類也必料其功用厚薄措思深淺諒非經營草創出自一時琢磨潤色獨成一手斯蓋當時國史已有成文丘明但編而次之配經稱傳而已也如二傳者記言載事失彼菁華尋源討本取諸胷臆夫自我作故無所準繩故理甚迂僻言多鄙野比諸左氏不可同年其短三也按二傳雖以釋經爲主其缺漏不可殫論如經云薨而左傳云公子圍所殺及公羊作傳重述經文無所發明依

勝負之理下有脫文

遠而已其短四也漢書載成方遂詐稱戾太子至於闕下雋不疑曰昔衛蒯聵得罪於先君將入國太子輒拒而不納春秋是之遂命執以屬吏霍光由是始重儒學按雋生所引乃公羊正文如論語冉有曰夫子爲衛君乎子貢曰夫子不爲也何則父子爭國梟獍爲曹禮法不容名教同嫉而公羊釋義反以衛輒爲賢是違夫子之教失聖人之旨獎進惡徒疑誤後學其短五也若以彼三長校茲五短勝負之理爲主而於内則爲國隱惡於外則承赴而書求其本事太半失實已於疑經篇載之

詳矣尋斯義之作也蓋是周禮之故事魯國之遺文夫子因而修之亦存舊制而已至於實録付之丘明用使善惡必彰眞僞盡露向使孔經獨用左傳不作則當代行事安得而詳者哉蓋語曰仲尼修春秋逆臣賊子懼又曰春秋之義也欲蓋而彰求名而亡善人勸焉淫人懼焉尋春秋所書實乖此義而左傳所録無媿斯言此則傳之與經其猶一體廢一不可相須而成如謂不然則何者稱爲勸戒者哉杜預釋例曰凡諸侯無加民之惡而稱人以弒皆時之赴告欲重而罪以加民爲辭國史承以書於策而簡牘之記具存夫子因示虛實故左傳隨實而著本狀以明其得失也案

李朝明刻

杜氏此釋實得經傳之情者也

儒者苟譏左氏作傳多敘經外別事如楚鄭與齊三國之賊弒隱桓昭襄四君之簒逐其外則承告如彼其內則隱諱如此若無左氏立傳其事無由獲知然設使世人習春秋而唯取兩傳也則當其時二百四十年行事茫然闕如俾後來學者代成聾瞽者矣且當秦漢之世左氏未行遂使五經雜史百家諸子其言河漢無所遵憑故其記事也當晉景行霸公室方强而云韓氏攻趙有程嬰杵臼之事出史記趙世家魯侯御宋得雋乘丘而云莊公敗績

有馬驚流矢之禍楚晉相遇唯在邲役而云二國交戰置師於兩堂（出賈誼新書）子罕相國宋睢於晉而云晉將伐宋覘其哭陽門（蜀本哭下有於字宋本無）介夫乃止（出禮記）魯師滅項晉止僖公而云項實齊桓所滅春秋爲賢者諱（出公羊傳）襄年再盟君臣和叶而云諸侯失政大夫皆執國權（出穀梁傳）其記時也蓋秦穆居春秋之始而云其女爲荆昭夫人（出列女傳）韓魏處戰國之時而云其君陪楚莊王葬馬（出史記滑稽傳）列子書論尼父而云生在鄭穆公年（出劉向七録）扁鵲醫療虢公而云時當趙簡子日（出史記扁鵲傳）欒書仕於周堂而云

以晉文如獵犯顏直言（出劉向新序）荀息死於奚齊而云觀晉靈作臺累棊申誡（出劉向說苑）或以先爲後或以後爲先日月顛倒上下翻覆古來君子曾無所疑及左傳既行而其失自顯語其弘益不亦多乎而世之學者猶未之悟所謂忘我大德日用而不知者焉然自丘明之後迄及魏滅年將千祀其書寢廢至晉太康年中汲冢獲書全同左氏（汲冢所得書尋亦亡逸今惟紀年瑣語師春在焉案紀年瑣語載春秋時事與左氏同師春多載春秋時筮者繇辭將左氏相校遂無一字差舛）故束皙云若使此書出於漢世劉歆不作五原太守矣於是摯虞束皙引其義以相

按今晉之接傳者以汲冢書證左氏之事而注公羊春秋劉氏所據或互隱滅棻諸所述也

明王接荀顗取其文以相證杜預申以注釋注謂注解釋謂釋例干寶籍爲師範事具干寶晉紀敘例中由是世稱實錄不復言非其書漸行物無異議故孔子曰吾志在春秋行在孝經於是授春秋於左明授孝經於曾子史記云孔子西觀周室論史記舊聞次春秋七十子之徒口授其旨傳所刺譏褒諱之文不可以書見也魯君子左丘明懼弟子人各異端失其眞意故因孔氏史記具論其語成左氏春秋夫學者苟徵此二說以考三傳亦足以定是非明眞僞者矣何必觀汲冢而後信者乎從此而言從一作以則三

傳言

傳之優劣見矣

邑庠生黄廷鳳校

史通卷之十四

史通卷之十五

唐鳳閣舍人彭城劉子玄撰

外篇

點煩第六 總十八條

夫史之煩文已於敘事篇言之詳矣然凡俗難曉下愚不移雖七卷成言而三隅莫反蓋語曰百聞不如一見是以聚米爲谷賊虜之虛實可知畫地成圖山川之形勢易悉昔陶隱居本草藥有冷熱味者朱墨點其名阮孝緒七録書有文德殿者丹筆寫其字由是區分有別品類可知今輒擬其事

鈔自古史傳文有煩者皆以筆點其上其點用朱粉雌黃並得凡字經點者盡宜去之如其間有文句虧缺者細書側注於其右其側書亦用朱粉雌黃等如正行用粉則別注者用朱黃以此爲別或回易數字或加足片言俾分布得所彌縫無闕庶觀者易悟其失自彰如我摭實而談是非苟誣前哲　其一條

孔子家語曰魯公索氏將祭而亡其牲孔子聞之曰公索氏不及二年必亡矣一年而亡門人問曰昔公索氏亡其祭牲而夫子曰不及二年必亡今果如期而亡夫子何以知然　除二十四字　其二條

煩

非是

家語曰晉將伐宋使覘之宋陽門之介夫死司城子罕哭之哀覘者反言於晉侯曰宋陽門之介夫死而司城子罕哭之哀民咸悅矣宋殆未可伐也除三十一字移三字其三條

史記五帝本紀曰諸侯之朝覲者不之丹朱而之舜百姓之獄訟者不之丹朱而之舜謳歌者皆不謳謌丹朱而謳謌舜舜年二十以孝聞三十而帝堯問可用者云云舜年二十以孝聞三十堯舉之除二十九字加七字其四條

夏本紀曰禹之父曰鯀鯀之父曰帝顓頊顓頊之

父曰昌意昌意之父曰黃帝禹者黃帝之玄孫而顓頊之孫也禹之曾大父曰昌意及父鯀皆不得在帝位爲人臣除五十七字加五字案顓頊紀中巳具云黃帝是顓頊祖矣此篇下云禹是顓頊孫則其上不得更言黃帝之玄孫既上云昌意及鯀不得在帝位則於下文不當復云爲人臣今就於朱點之中復有此重復造次筆削庸可盡乎 其五條

項羽本紀曰項籍者下相人也字羽起時年二十四其季父項梁梁父楚將項燕爲秦將王翦所殺者也項氏世世楚將封於項故姓項氏除三十字加二十四字釐革其次序 其六條

呂后本紀曰呂太后者高祖微時妃也生孝惠帝

魯元公主及高祖爲漢王得定陶戚姬愛幸生趙隱王如意高祖嫌孝惠爲人仁弱高祖以爲不類我常欲廢太子立戚姬子如意如意類我又戚姬幸常獨從上之關東日夜泣涕欲立其子如意以代太子呂后年長常留守希見上益疎如意立爲趙王後幾代太子者數矣賴大臣諍之及留侯策太子得無廢此事見高惠二紀及諸王叔孫通張良等傳過爲重疊矣今又見於呂后紀固可略而不言除七十五字加十二字　其七條

宋世家曰初元公之孫糾景公殺之景公卒糾之公子得正殺太子而自立是爲昭公昭公者父公

孫紇紇父公子穤秦即元公少子也景公殺昭公父紇故昭公怨殺太子而自立除三十六字加十三字其八條

三王世家曰大司馬臣去病昧死再拜上疏皇帝陛下陛下過聽使臣去病待罪行閒宜專邊塞之思慮暴骸中野無以報乃敢惟他議以干用事者誠見陛下憂勞天下哀憐百姓以自忘虧膳貶樂損郎員皇子賴天能勝衣趨拜至今無號位師傅官陛下恭讓不恤羣臣私望不敢越職而言臣切不勝犬馬之心未死願陛下詔有司因盛夏吉時定皇子位唯陛下幸察臣去病昧死再拜以聞皇

帝陛下三月乙亥御史臣光守尚書令奏未央制
宮
曰下御史六年三月戊申朔乙亥御史臣光尚書
令丞非下御史書到言丞相臣青翟御史大夫臣
湯大常臣充大行令臣息太子太傅臣安行宗正
事昧死上言大司馬臣去病上疏曰陛下過聽使
臣去病待罪行間宜專邊塞之思慮暴骸中野無
以報乃敢惟他議以干用事者誠見陛下憂勞天
下哀憐百姓以自忘虧膳貶樂損郎員皇子賴天
能勝衣趨拜至今無號位師傅官陛下恭讓不恤
羣臣私望不敢越職而言臣切不勝犬馬之心昧

宜奉義遵職愚奏
不遠事言今盛夏吉時
臣青翟臣湯等

死願陛下詔有司因盛夏吉時定皇子位唯陛下
幸察制曰下御史臣與中二千石臣賀等議曰古
者裂地立國並建諸侯以承天子所以尊宗廟重
社稷也今臣去病上疏不忘其職因以宣恩乃道
天子卑讓自貶以勞天下慮皇子未有號位臣青
翟臣湯等昧死請立皇子臣閎臣旦臣胥爲諸侯
王昧死請所立國名 除一百八十四字 加一字 其九條
巳上有言語相重者今略點發如此但此一篇所
記全宜削除今輒具列於斯籍爲鑒戒者爾凡爲
史者國有詔誥十分不當取其一焉故漢元帝詔

二千石

明堂月令之學弱翁條奏舉行宣元相接故詔書云然仲豫翦削太過失元帝詔書本意未盡然也

曰盖聞安民之道本由陰陽間者陰陽錯謬風雨不時朕之不德庶幾羣公有敢言朕之過者今則不然媮合苟從未肯極言朕甚閔焉永惟蒸庶之饑寒遠離父母妻子勞於非業之作衛於不居之宮恐非所以佐陰陽之道也其罷甘泉建章宮衛士各令就農百家各省費條奏毋有所諱有司勉之毋犯四時之禁丞相御史舉天下明陰陽災異者各三人及荀悅撰漢紀略其文曰朕惟衆庶之饑寒遠離父母妻子勞於非業之作衛於不居之宮其罷甘泉建章宮衛士各令就農丞相御史舉

緜

新唐書截載之甚上本諸比〻唯順宗實録得其中也

天下明陰陽災異者各三人自餘抄撮他皆倣此近則天朝諸撰史者凡有制誥一字不遺唯去詔首稱門下詔尾云主者施行而已時武承嗣監修國史見之大怒謂史官曰公輩是何人而敢輒減詔書自是史官寫詔書雖門下贊詔亦錄後予聞此說每唱噱而已必以三王世家相比其煩碎則又甚於斯是知史官之愚其來尚矣今之作者何獨笑武承嗣而已哉 其十條

魏公子傳高祖始微少時數聞公子賢及即天子位每過大梁常祠公子高祖十二年從擊黥布還

爲公子置守冢五家世世歲以四時奉祠公子太史公曰吾過大梁之墟求問其所謂夷門以徵信陵君故事説者云當戰國之時夷門者城之東門也天下諸公子亦有喜士者矣然而信陵君之接岩穴隱者不耻下交名冠諸侯有以也高祖每過之祠奉不絶除十五字加二十字其十一條

魯仲連傳曰仲連好奇偉俶儻之畫而不肯仕宦任職好持高節遊於趙孝成王時而秦王使白起破趙長平之軍前後四十餘萬秦遂東圍邯鄲趙王恐諸侯之救兵莫敢擊秦魏安釐王使將軍晉

鄗救趙畏秦止於湯陰不進魏王使客將軍新垣衍間入邯鄲因平原君謂趙王曰秦所以急圍趙者前與齊湣王爭强爲帝已而復歸帝號今齊湣王已益弱今唯秦雄天下此非必貪邯鄲其意欲復求爲帝趙誠發使尊秦昭王爲帝秦必喜罷兵去平原君猶豫未有所決此時魯連適遊趙會秦圍趙聞魏將欲令趙尊秦爲帝乃見平原君曰事將奈何平原君曰勝也何敢言事前亡四十萬之衆於外今又內圍邯鄲而不去魏王使客將軍新垣衍令趙帝秦今其人在此勝也何敢言事魯連

方

曰吾始以君爲天下之賢公子也吾乃今然後知君非天下之賢公子也梁客新垣衍安在吾請爲君責而歸之平原君曰勝請爲紹介而見之於先生平原君遂見新垣衍曰東國有魯連先生者今其人在此勝請爲紹介交之於將軍新垣衍曰吾聞魯連先生齊之高士也衍人臣也使事有職吾不願見魯連先生平原君曰勝已洩之矣新垣衍許諾魯連見新垣衍而無言新垣衍曰吾視居此圍城之中皆有求平原君者也今吾觀先生之玉貌非有所求於平原君者也曷居此重圍之中而

李朝明刻

圍識

不去魯連云云　梁未覩秦稱帝之害也使梁覩秦稱帝之害則必助趙矣新垣衍曰稱秦帝之害何如魯連曰云云　吾將使秦王烹醢梁王新垣衍怏然不悅曰噫亦甚矣先生之言也先生又焉能使秦王烹醢梁王魯連曰固矣吾將言之今秦萬乘之國也梁亦萬乘之國也俱據萬乘之國交有稱王之名睹其一戰而勝欲從而帝之云云　於是新垣衍起再拜而謝曰始以先生爲庸人吾乃今日知先生爲天下之士也適會魏公子無忌奪晉鄙軍以救趙擊秦軍遂引而去於是平原君欲封魯

三百八十字

連辭謝者三終不肯受平原君乃致酒酒酣前起
以千金爲魯連壽云云除三百七十五字加七字其十三條
屈原傳漢有賈生爲長沙王大傅過湘水投書以
弔屈原賈生名誼洛陽人也謫賈生爲長沙王太
傅賈生既辭徃聞長沙卑濕自以爲壽不得長又
以謫去意不自得及渡湘水爲賦以弔屈原其詞
曰云云賈生爲長沙傅三年有鵩飛入賈生舍止
於坐隅楚人命鵩曰鵩賈生既以謫居長沙長沙
卑濕自恐壽不得長傷悼之乃爲賦以自廣其詞
曰云云懷王騎墮馬而死無後賈生自傷無狀歲

亦死時年三十三矣除七十六字加三字其十二條

扁鵲倉公傳曰太倉公者齊太倉長臨淄人也姓淳于氏名意少而喜醫方術高后八年更受師同郡公里公乘陽慶慶年七十餘無子使意盡去其故方更悉以禁方與之傳黄帝扁鵲之脉書五色診病知人死生多驗詔問所爲治病死生驗者幾何人主名爲誰詔問故太倉長臣意方伎所長及所能治病有其書無有皆安受學受學幾何歲嘗有所驗何縣里人也何病醫藥與其病之狀皆何如其悉以對臣意對曰自意少時喜藥醫方試之

三百八十五字

多不驗者至高皇后八年中得見師臨菑元里公
乘陽慶已年七十餘意得見事之謂意曰盡去而
方書非是也慶有古先道遺傳黃帝扁鵲之脉書
五色診病知人死生決嫌疑定可治及藥書甚精
我家給富心愛公欲盡以我禁方書悉教公臣意
即曰幸甚非意之所敢望也臣意即避席再拜謁
受其脉書上下經五色診奇咳術揆度陰陽外變
藥論石神接陰陽禁書受讀解驗之可一年明歲
即驗然尚未精也要事之三年所常以為人診病
決死生有驗精良今慶已死十年臣意年盡三十

即

九也齊侍史成自言病也臣意診其脉告曰君之病惡不可言也已下皆述一生醫療効驗事除二百九十五字其十四條

宋世家初云襄公嗣位仍謂爲宋襄公不去宋襄二字吳世家云闔閭越世家云句踐每於其號上加吳王越王字句句未嘗捨之孟嘗君傳曰馮公形容狀貌甚辨按形容狀貌同是一說而敷演重出分爲四言凡如此流不可勝載其十二諸侯表曰孔子次春秋約其辭文去其煩重又屈原傳曰其文約其辭微觀子長此言實有深鑒及自撰史記榛蕪若此豈所謂非言之難而行之難乎其十五條

立

漢書龔遂傳曰上遣使者徵遂議曹王生請從功曹以爲王生每嗜酒亡節度不可從遂不聽從至京師王生日飲酒不視太守會遂引入宫王生醉從後呼曰明府且止願有所白遂還問其故王生曰天子即問君何以治渤海君不可有所陳對宜曰皆聖主之德非小臣之力也遂受其言既至前上果問以治狀遂對如王生天子悅其有讓笑曰君安得長者之言而稱之遂因前曰臣非知此乃臣議曹教戒臣也云云 上以議曹王生爲水衡丞

除八十四字

其十六條

新唐書之名本此

新晉書袁宏傳曰袁宏有逸才文章絶美曾爲詠史詩是其風情所寄少孤貧以運租自業謝尚時鎮牛渚秋夜乘月率爾與左右微服泛江會宏在舫中諷其所作詠史詩詠聲既清詞又藻麗遂駐聽久之遣問焉荅曰是袁臨汝郎誦詩即其詠史之作也尚傾率有勝致即迎升舟與之談論申旦不寐自此名譽日茂云云 從桓溫北伐作北征賦其文之高者嘗與王珣伏滔同在桓溫坐溫令滔讀其北征賦至聞所傳於相傳云獲麟於此野誕靈物以瑞德奚授體於虞者疚尼父之慟泣似實

慟而非假豈一性之足傷乃致傷於天下其本至此便改韻珣云此賦方傳千載無容率爾今於天下之後便改移韻徙事然於寫送之致似爲未盡滔云得益寫韻一句或爲小勝宏應聲荅曰感不絕於予心遡流風而獨寫云云謝安嘗賞其機對辨速後安爲揚州刺史自吏部郎出爲東陽郡乃祖道於冶亭時賢皆集謝安欲以率迫試之臨别執其手顧就左右取一扇而授之曰聊以贈行宏應聲荅曰輒當奉揚仁風慰彼黎庶顧者無不歎服時人歎其率而能要焉此事出檀道鸞晉陽秋及劉義慶世說除一百

一十四字加一十九字　其十七條

十六國春秋曰郭瑀有女始笄妙選良偶有心於劉昞遂別設一席於座前謂諸弟子曰吾有一女年向成長欲覓一快女婿誰坐此席者吾當婚焉昞遂奮衣來坐神志湛然曰向聞先生欲求快女壻昞其人也　除二十二字　其十八條

邑庠生瞿守校

史通卷之十五

史通卷第十六

唐鳳閣舍人彭城劉子玄撰

外篇

雜說上第七總二十五條

春秋二條

桉春秋之書弑也稱君君無道稱臣臣之罪如齊之簡公未聞失德陳恒構逆罪莫大焉而哀十四年書齊人弑其君壬于舒州斯則賢君見抑而賊臣是黨求諸舊例理獨有違但此是絕筆獲麟之後弟子追書其事豈由以索續組不類將聖之能

此說得之

者乎何其乖刺之甚也

按春秋左氏傳釋經云滅而不有其地曰入如入陳入衛入鄭入許即其義也至柏舉之役子常之敗庚辰吳入獨書以郢夫諸侯列爵並建國都唯取國名不稱都號何爲郢之見入遺其楚名比於他例一何乖踳尋二傳所載皆云入楚豈左氏之本獨爲謬歟

左氏傳二條

左氏之敘事也述行師則簿領盈視哤聒沸騰論備火則區分在目修飾峻整言勝捷則收獲都盡

二百八十字

記奔敗則披靡横前申盟誓則慷慨有餘稱譎詐則欺誣可見談恩惠則煦如春日紀嚴切則凛若秋霜敘興邦則滋味無量陳亡國則凄涼可憫或腴辭潤簡牘或美句入詠歌跌宕而不羣縱横而自得若斯才者殆將工侔造化思涉鬼神著述罕聞古今卓絶如二傳之敘事也榛蕪溢句疣贅滿行華多而少實言拙而寡味若必方於左氏也非唯不可爲魯衛之政差肩鴈行亦有雲泥路阻君臣禮隔者矣

左傳稱仲尼曰鮑莊子之智不如葵葵猶能衛其

焉語固矣

足夫有生而無識有質而無性者其惟草木乎然自古設比興而以草木方人者皆取其善惡薰蕕榮枯貞脆而已必言其含靈畜智隱身違禍則無其義也尋葵之向日傾心本不衛足由人覩其形似强爲立名亦由今俗文士謂鳥鳴爲啼花發爲笑花之與鳥安有啼笑之情哉必以人無喜怒不知哀樂便云其智不如花花猶善笑其智不如鳥鳥猶善啼可謂之讜言哉如鮑莊子之智不如葵葵猶能衛其足即其例也而左氏録夫子一時戲言以爲千載篤論成微婉之深累玷良直之高範

者

三百六十六字

不其惜乎

公羊傳二條

公羊云許世子止弑其君買爲加弑譏子道之不盡也其次因言樂正子春之視疾以明許世子之得罪尋子春孝道義感神明固以方駕曾閔連蹤丁郭苟事親不逮樂正便以弑逆加名斯擬失其流責非其罪蓋公羊樂正俱出孔父門人思欲更相引重曲加談述所以樂正行事無理輒書致使編次不倫比喻非類言之可爲嗤怪也

語曰彭蠡之濱以魚食犬斯則地之所富物不稱

珎按齊密邇海隅鱗介惟錯故上客食肉中客食魚斯即齊之舊俗也然食魴鱠鯉詩人所貴必施諸他國是曰珎羞如公羊傳曰晉靈公使勇士殺趙盾見其方食魚飧曰子爲晉國重卿而食魚飧是子之儉也吾不忍殺子蓋公羊生自齊邦不詳晉物以東土所賤謂西州亦然遂目彼嘉饌呼爲菲食著之實録以爲格言非唯與左氏有乖亦於物理全爽者矣

汲冢紀年一條

語曰傳聞不如所見斯則史之所述其謬已甚況

乃傳寫舊記而違其本錄者乎至如虞夏商周之書春秋所記之說可謂備矣而竹書紀年出於晉代學者始知后啓殺益太甲誅伊尹文王殺季歷共伯名和鄭桓公厲王之子則與經典所載乖剌甚多又孟子曰晉謂春秋爲乘尋汲冢瑣語即乘之流邪其晉春秋篇云平公疾夢朱羆窺屏左氏亦載斯事而云夢黃熊入門必欲捨傳聞而取所見則左傳非而晉史實矣嗚呼向若此二書不出學者爲古所欺（一作惑）則代成聾瞽無由覺悟也

史記八條

隋書經籍志晉紀十卷晉前軍諮議曹嘉之撰

夫編年敘事混雜難辨紀傳成體區別易觀昔讀太史公書每怪其所採多是周書國語世本戰國策之流近見皇家所撰晉史其所採亦多是短部小書省功易閱者若語林世說搜神記幽明録之類是也如曹干兩氏紀孫檀二陽秋則皆不之取故其中所載美事遺略甚多劉遺民曹纘皆於檀氏春秋有傳至於今晉書則了無其名若以古方今則知史公亦同其失矣斯則遷之所録甚爲膚淺而班氏稱其勤者何哉孟堅又云劉向揚雄博極羣書皆服其善敘事豈時無英秀易爲雄霸者乎不然何虛譽之甚也史記

三百七十八字

當然

鄧通傳云云宜在下一條

鄧通傳云帝崩景帝立向若但云景帝立不言文帝崩斯亦可知矣何用兼書其事乎其一條

又倉公傳稱其傳黃帝扁鵲之脉書五色診病知人死生决嫌疑定可治召問其所長對曰傳黃帝扁鵲之脉書以下他文盡同上說夫上既有其事下又載其言事雖殊委曲何別按遷之所述多有此類而劉楊服其善敘事也何哉其二條

太史公撰孔子世家多採論語舊說至管晏列傳則不取其本書謂管子晏子也以爲時俗所有故不復更載也按論語行於講肆列於學官重加編勒秖覺

煩費如管晏者諸子雜家經史外事棄而不録實
杜異聞夫以可除而不除宜取而不取以兹著述
未覩厥義其三條
昔孔子力可翹關不以力稱何則大聖之德具美
者衆不可以一介末事持爲百行端首也至如達
者七十分以四科而太史公述儒林則不取游夏
之文學著循吏則不言冉季之政事至於貨殖爲
傳獨以子貢居先掩惡揚善既忘此義成人之美
不其闕如其四條
司馬遷序傳云爲太史令七十年而遭李陵之禍幽

無二之字

於縲紲廼喟然而歎曰是予之罪也身虧不用矣自敘如此何其略哉夫云遭李陵之禍幽於縲紲者乍似同陵陷沒遂竄於刑又似爲陵所間獲罪於國遂令讀者難得而詳賴班固載其與任安書書中具述被刑所以儻無此録何以克明其事者乎　其五條

漢書載子長與任少卿書歷說自古述作皆因患而起末云不韋遷蜀世傳呂覽案呂氏之修撰也廣招俊客比蹟春陵共集異聞擬書荀孟思刊一字購以千金則當時宣布爲日久矣豈以遷蜀之

以

於此見文章討論之功不可略

後方始傳乎且必以身既流移書方見重則又非關作者本因發憤著書之義也而輒引以自喻豈其倫乎若要舉多故事成其博學何不云虞卿窮愁著書八篇而曰不韋遷蜀世傳呂覽斯蓋識有不該思之未審耳　其大條

昔春秋之時齊有夙沙衛者拒晉殿師郭最稱辱伐魯行唁臧堅抉死此閹官見鄙其事尤著者也而太史公與任少卿書論自古刑餘之人爲士君子所賤者唯以彌子瑕爲始何淺近之甚耶但夙沙出左氏傳漢代其書不行故子長不之見也夫

博考前古而捨茲不載至於乘傳車探禹穴亦何
爲者哉 其七條
魏世家太史公曰說者皆曰魏以不用信陵君故
國削弱至於亡余以爲不然天方令秦平海内其
業未成魏雖得阿衡之徒曷益乎夫論成敗者固
當以人事爲主必推命而言則其理悖矣蓋晉之
獲也由夷吾之愎諫秦之滅也由胡亥之無道周
之季也由幽王之惑褒姒魯之逐也由稠父之違
子家然則敗晉於韓狐突已志其兆亡秦者胡始
皇久銘其說檿弧箕服章於宣厲之年徵褰與襦

顯自文成之世惡名早著天孽難逃假使彼四君才若桓文德同湯武其若之何苟推此理而言則亡國之君他皆倣此安得於魏無譏責者哉夫國之將亡也若斯則其將興也亦然蓋魏後之爲公子也其筮曰八世莫之與京畢氏之爲大夫也其占曰萬名其後必大姬宗之在水滸也鸑鷟鳴於岐山劉姓之在中陽也蛟龍降於豐澤斯皆瑞表於先而福居其後向使四君德不半古才不逮人終能坐登大寶自致宸極矣乎必如史公之議也諸本史上有太字宋本無則亦當以其命有必至理無可辭不

三百七十二字

復嗟其智能頌其神武者矣夫推命而論興滅委運而忘褒貶以之垂誡不其惑乎自茲以後作者著述往往而然如魚豢魏略虞世南帝王論或敘遼東公孫之敗魚豢魏略議曰當青龍景初之際有彗星出於箕而上徹是謂掃除遼東而更置也茍其如此人不能違則德敎不設而淫濫首施以取族滅殆天意也或述江左陳氏之亡虞世南帝王略論曰永定元年有會稽人史溥爲揚州從事夢人着朱衣武冠自天而下手執金版有文字溥看之有文曰陳氏五主二十四年諒知冥數非獨人事其理並以命而言可謂與子長同病者也其八條

諸漢史十條

漢書孝成紀贊曰成帝善修容儀升車正立不內

蜀注立朝微行實是兩事何必借此例彼

顧不疾言不親指臨朝淵嘿尊嚴若神可謂穆穆天子之容貌矣又五行志曰成帝好微行選期門郎及私奴客十餘人皆白衣袒幘自稱富平侯家或乘小車御者在茵上或皆騎出入（皆一作駿）遠至旁縣故谷永諫曰陛下晝夜在路獨與小人相隨亂服共坐溷殽無別公卿百寮不知陛下所在積數年矣（蜀本積下有一有字宋本無）由斯而言則成帝魚服嫚遊烏集無度雖外飾威重而內肆輕薄人君之望不其闕如觀孟堅紀志所言前後自相矛盾者矣（其一）

條

觀太史公之創表也於帝王則敘其子孫於公侯則紀其年月列行縈紆以相屬編字戢孴而相排雖燕越萬里而於徑寸之內犬牙可接雖昭穆九代而於方寸之中雁行有敘使讀書者閱文便覩舉目可詳此其所以為快也如班氏之古今人表者唯以品藻賢愚激揚善惡為務爾既非國家遞襲祿位相承而亦複界重行狹書細字比於他表殆非其類歟蓋人列古今本殊表限必恡而不去則宜以志名篇始自上上終于下下並當明為標牓顯列科條以種類為篇章持優劣為次第仍每

於篇後云若干品凡若干人亦猶地理志肇述京華末陳邊塞先列州郡後言戶口也 其二條

自漢已降作者多門雖新書已行而舊錄仍在必校其事則可得而言按劉氏初興書唯陸賈而已子長述楚漢之事專據此書譬夫行不由徑出不由戶未之聞也然觀遷之所載往往與舊不同如酈生之初謁沛公高祖之長歌鴻鵠非惟文句有別遂乃事理皆殊又韓王名信都而輙去都留信用使稱其名姓全與淮陰不別班氏一準太史曾無弛張靜言思之深所未了 其二條

三百七十三字

右 令

傳中終言相如卒
後之事豈復止録
自叙唯揚雄傳皆
自叙尔

司馬遷之敘傳也始自初生及乎行歷事無巨細莫不備陳可謂審矣而竟不書其字者豈墨生所謂大忘者乎而班固仍其本傳了無損益此又韓子所以致守株之說也如固之爲遷傳也其初宜云遷字子長馮翊夏陽人其序曰云云至於事終則言其自敘如此著述之體不當如是耶其四條

馬卿爲自敘傳具在其集中子長因録斯篇即爲列傳班氏仍舊更無改作固於馬揚傳末皆云遷雄之自敘如此至於相如篇下獨無此言蓋止憑太史之書未見文園之集故使言無畫一其例不

曾尋

純也其五條

漢書東方朔傳委瑣煩碎不類諸篇且不述其亡沒歲時及子孫繼嗣正與司馬相如司馬遷揚雄傳相類尋其傳體必曼倩之自敘也但班氏脫略故世莫之知其六條

蘇子卿父建行事甚寡韋玄成父孟德業稍多漢書編蘇氏之傳則先以蘇建標名列韋相之篇則不以韋孟冠首並其失也其七條

班固稱項羽賊義帝自取天亡又云于公高門以待封嚴母掃地以待喪如固斯言則深信夫天怨

神怒福善禍淫者矣至於其賦幽通也復以天命久定非人所移故善惡無徵報施多爽斯則同理異說前後自相矛盾者焉其八條

或問張輔著班馬優劣論云遷敘三千年事五十萬言固敘二百年事八十萬言是固不如遷也斯言爲是乎荅曰不然也按太史公書上起黃帝下盡宗周年代雖存事跡殊略至於戰國已下始有可觀然遷雖敘三千年事其間詳備者唯漢興七十餘載而已其省也則如彼其煩也則如此求諸折中未見其宜班氏漢書全取史記仍去其日者

理

列王命于末篇猶左氏終以知瑤也固未爲失

倉公等傳以爲其事煩蕪不足編次故也若使遷
固易地而處撰成漢書將恐多言費辭有踰班氏
安得以此而定其優劣耶其九條
漢書斷章事終新室如叔皮存沒時入中興而輒
引與前書共編者盖序傳之常例者耳荀悅旣刪
略班史勒成漢紀而彪論王命列在末篇夫以規
諷隗囂翼戴光武忽以東都之事擢居西漢之中
必如是則賓戲幽通亦宜同載者矣其十條

太學生何雍之校

史通卷之十六

三百四十一字

恒

彈評陸生亦何易言

史通卷之十七

唐鳳閣舍人彭城劉子玄撰

外篇

雜說中第八 總十六條

諸晉史 七條

東晉之史作者多門何氏中興實居其最而爲晉學者曾未之知儻湮滅不行良可惜也王檀著書王隱檀道鸞是晉史之尤劣者方諸前代其陸賈褚先生之比歟道鸞不揆淺才好出奇語所謂欲益反損求妍更媸者矣 其十條

趙史隋經籍志作趙書

隋經籍志晉起鈔二十卷梁豫章內史張緬撰

被褐一作備摘

臧氏晉書稱符堅之竊號也雖疆宇狹於石虎至於人物則過之按後石之時（田融趙史謂勒爲前石虎爲後石也）張據瓜涼李專巴蜀自遼而左人屬慕容沙漠而南地歸司馬逮於符氏則兼而有之禹貢九州實得其八而言地劣於趙是何言歟夫識事未精而輕爲著述此其不知量也張勔（緬）抄撮晉史求其異同而被禍此言不從沙汰罪又甚矣（其二條）

夫學未該博鑒非詳正凡所修撰多聚異聞其爲躊駮難以覺悟按應劭風俗通載楚有葉君祠即葉公諸梁廟也而俗云孝明帝時有河東王喬爲

三百十五字

潭疑作譚

葉令嘗飛舄入朝及干寶搜神記乃隱應氏所通而收其流俗怪說又劉敬叔異苑稱晉武庫失火漢高祖斬蛇劍穿屋而飛其言不經故梁武帝令殷芸編諸小說及蕭方等撰三十國史乃刊爲正言旣而宋求漢事旁取令昇之書（范曄後漢書）唐徵晉語近憑方等之錄（謂皇家撰晉書）編簡一定膠漆不移故令俗之學者說舄履登朝則云漢書舊記譚蛇劍穿屋必曰晉典明文撫彼虛詞成茲實錄語曰三人成市虎斯言其得之者乎（其三條）

馬遷持論稱堯世無許由應劭著錄云漢代無王

遷

喬其言儻矣至士安撰高士傳具說箕山之蹟令
昇作搜神記深信葉縣之靈此並向聲背實捨眞
從僞知而故爲罪之甚者其四條
近者宋臨川王義慶著世說新書上叙兩漢三國
及晉中朝江左事劉峻註釋摘其瑕疵僞蹟昭然
理難文飾而皇家撰晉史多取此書遂採康王之
妄言違孝標之正說以此書事奚其厚顏其五條
漢呂后以婦人稱制事同王者班氏次其年月雖
與諸帝同編而記其事蹟實與其后妃齊貫皇家諸
學士撰晉書首發凡例序例一卷晉書之首故云首發凡例而云班

三百八十一字

漢皇后除王呂之外不爲作傳並編敘行事寄出外戚篇所不載者唯元后耳安得輒引呂氏以爲例乎蓋由讀書不精識事多闕徒以本紀標目以編高后之年遂疑外戚裁篇輒敘娥姁之事其爲率略不亦甚耶 其六條

揚王孫布囊盛屍裸身而葬伊籍對吳以一拜一起未足爲勞求兩賢立身各有此一事而已而漢書蜀志爲其立傳前哲致議言之詳矣然楊能反經合義足矯奢葬之愆伊以敏辭辨對可免使乎之辱列諸篇第猶有可取近者皇家撰晉書著劉

[illegible]評 此亦非篤論 不載先所降詔則何以明其威雄震主

伶畢卓傳舊晉史本無劉畢傳皇家新撰以補前史所闕其敘事也直載
其嗜酒沉湎悖禮亂德若斯而已爲傳如此復何
所取者哉 其七條

宋略一條

裴幾原刪略宋史定爲二十篇芟煩撮要實有其
力而所錄文章頗傷蕪穢如文帝除徐傅官詔顏
延年元后哀冊文顏峻討二凶檄孝武擬李夫人
賦裴松之上注國志表孔熙先罪許曜詞凡此諸
文是尤不宜載者何則羲亮威權震主負芒猜忌
將欲取之必先與之既而罪名具列刑書是正則

三百五十二字

馮評若此則何不先識史遷

先所降詔本非實録而乃先後雙載坐令矛盾兩傷夫國之不造史有哀冊自晉宋已還多載於起居注詞皆虚飾義不足觀必以略言之故宜去也昔漢王數項袁公檄曹若不具録其文難以暴揚其過至於二凶爲惡不言可知無俟檄書始明罪狀必刊諸國史豈宜異同孝武作賦悼亡鍾心内寵情在兒女語非軍國松之所論者其事甚下兼復文理非工煕先構逆懷姧矯言欺衆且所爲草藁本未宣行斯並同在編次不加銓擇豈非蕪濫者耶向若除此數文别存他說則宋年美事遺略

益

按孝武賦見漢書外戚傳馮誤以為史記

韓延之子因焉父思入魏娶以淮南王女王肅入魏尚陳留長公主

蓋寡何乃應取而不取宜除而不除乎但近代國史通多此累有同自鄶無足致譏若裴氏者衆作之中所可與言史者故偏舉其事以申掎摭云

後魏書二條

宋書載佛狸之入寇也其間勝負蓋皆實録焉魏史所書謂魏收所撰者則全出沈本如事有可耻者則加減隨意依違飾言至如劉氏獻女請和太武以師婚不許此言尤可怪也何者江左皇族水鄉庶姓若司馬劉蕭韓王或出於亡命或起自俘囚一詣桑乾皆成禁臠此皆魏史自述非他國所傳然則

北之重南其禮若此安有黃旗之主親屈已以求婚而自登之陣反懷疑而不納一作乃致疑而不納其言河漢不亦甚哉觀休文宋典誠曰不工必比伯起魏書更爲良史而收每云我視沈約正如奴耳出關東風俗傳此可謂飾嫫毋而誇西施持魚目而笑明月者者也其六條

近者沈約晉書喜造奇說稱元帝牛金之子以應牛繼馬後之徵鄴中學者王劭宋孝王言之詳矣而魏收深嫉南國幸書其短著司馬叡傳遂具錄休文所言又崔浩諂事狄君曲爲邪說稱拓抜之

頭子立刻

獨評惜乎吾不得而見之

祖本李陵之冑當時衆議相斥事遂不行或有竊其書以渡江者沈約撰宋書索虜傳仍傳伯淵所述凡此諸妄其流甚多儻無迹可尋則眞僞難辨者矣 其二十條

北齊諸史三條

王劭國史至於論戰爭述紛擾貫其餘勇彌見所長至如敘文宣逼孝靖以受魏禪二王殺楊燕以廢乾明雖左氏載季氏逐昭公秦伯納重耳欒盈起於曲沃楚靈敗於乾溪殆可連類也又敘高祖破宇文於邙山周武自晉陽而平鄴雖左氏書城

濮之役鄢陵之戰齊敗於鞍吳師入郢亦不是過

也其十條

或問曰王邵齊志多記當時鄙言爲是乎爲非乎

對曰古往今來名目各異區分壤隔稱謂不同所以晉楚方言齊魯俗語六經諸子載之多矣自漢已降風俗屢遷求諸史籍備覩其事或君臣之目施諸朋友或尊官之稱屬諸君父曲相崇敬標以處士王孫輕加侮辱號以僕夫舍長亦有荊楚訓多爲夥廬江目橋爲圯南呼北人曰傖西謂東胡曰虜渠們底箇（底音丁禮反）江左彼此之辭乃若君卿

中朝汝我之義斯並因地而變隨時而革布在方
冊無假推尋足以知甿俗之有殊驗土風之不類
然自二京失守四夷稱制夷夏相雜音句尤媸而
彥鸞伯起務存隱諱（謂長爲藏蓋爲姚萇諱）重規德棻志在
文飾遂使中國數百年內其俗無得而言蓋語曰
知古而不知今謂之陸沉又曰一物不知君子所
耻是則時無遠近事無巨細必藉多聞以成博識
如今之所謂者若中州名漢關右稱羌易臣以奴
呼母云姊主上有大家之號師人致兒郎之說凡
如此例其流甚多必尋其本原莫詳所出闕諸齋

志則了然可知由斯而言邵之所録其爲弘益多矣足以開後進之蒙蔽廣來者之耳目微君懋吾幾面墻於近事矣而子奈何妄加譏誚者哉（其六二條）

皇家修五代史館中隊藁仍存皆因彼舊事定爲新史觀其朱墨所圖鉛黄所拂猶有可識者或以實爲虚以是爲非其北齊國史皆稱諸帝廟號及李氏之撰齊書（謂李百藥）其廟號有犯時諱者（謂有世字犯太宗文皇帝諱也）即稱謚焉至如變世祖爲文襄改世宗爲武成苟除茲世字而不悟襄成有别諸如此謬不可勝紀故其列傳之敘事也或以武定臣佐降在

故舊唐書宜並存

諸史之中周書實在下科

成朝或以河清事迹擢居襄代故時日不接而隔越相偶使讀者瞀亂而不測驚駭而多疑嗟乎因斯而言則自古著書未能精讜書成絕筆而遽捐舊章遂令玉石同燼眞僞難尋者不其痛哉其二條

周書一條

今俗所行周史是令狐德棻等所撰其書文而不實雅而無檢眞跡甚寡客氣尤煩尋宇文初習華風事由蘇綽至於軍國詞令皆準尚書太祖勑朝廷他文悉準於此蓋史臣所記皆禀其規柳虬之徒從風而靡按綽文雖去彼淫麗存茲典實而陷

於矯枉過正之失，乖夫適俗隨時之義。苟記言若是，則其謬逾多。爰及牛弘，彌尚儒雅，即其舊事，因而勒成，務累清言，罕逢佳句。而令狐不能別求他術，用廣異聞，唯憑本書，重加潤色。案宇文氏事多見於王劭齊志、隋書及蔡允恭後梁春秋，其王褒、庾信等又多見於蕭韶太清記、蕭大圜淮海亂離志、裴政太清實録、杜臺卿齊記，而令狐德棻了不兼採，以廣其書，盖以其中有鄙言，故致遺略。遂使周氏一代之史，多非實録者焉。

隋書二條

昔賈誼上書，晁錯對策，皆有益於國，足貽勸戒，而編於漢史，讀者猶恨其繁。如隋書王劭、袁充兩傳唯録其詭辭妄說遂盈一篇尋又申以詆訶尤其陷惑夫人載言示後者貴於辭理可觀既以無益而書孰若遺而不載盖學者神識有限而述者注記無涯以有限之神識觀無涯之注記必如是則閱之心目視聽告勞書之簡編繕寫不給嗚呼苟自古著述其皆若此也則知李斯之設坑穽董卓之成帷盖雖其所行多濫終亦有可取焉其一條

按隋史識王君懋撰齊隋二史其敘録煩碎至如劉臻還宅訪子方知王劭思書爲奴所侮此而畢載其失更多可謂尤而効之罪又甚焉者矣其二條

太學生顧令德校

史通卷之十七

史通卷之十八

唐鳳閣舍人彭城劉子玄撰

外篇

雜說下第九總三十五條

諸史六條

夫盛服飾者以珠翠爲先工繢事者以丹青爲主至若錯綜乖所分布失宜則綵絢雖多巧妙不足者矣其一條

觀班氏公孫弘傳賛直言漢之得人盛於武宣二代至於平津善惡寂滅無覩持論如是其義靡聞

必矜其美辭愛而不棄則宜微有改易列於百官公卿表後庶尋文究理頗相附會以兹編録不猶愈乎其三條

又沈侯謝靈運傳論全說文體備言音律此正可爲翰林之補亡流別之總說耳李充撰翰林論摯虞撰文章流别集如次諸史傳實爲乖越陸士衡有云離之則雙美合之則兩傷信矣哉其有事可書而不書者不應書而書者至如班固敘事微小必書至高祖破項垓下斬首八萬曾不涉言李齊與後主紀則書幸於侍中穆提婆第於孝昭紀則不言親戎以伐奚

於邊疆小寇無不畢紀如司馬消難擁數州之地以叛曾不挂言略大舉小其流非一昔劉勰有云自卿雲巳前多役才而不課學向雄巳後頗引書以助文然近史所載亦多如是故雖有王平所識僅通十字霍光無學不知一經而述其言語必稱典誥良由才乏天然故事資虛飾者矣其六十二條

按宋書稱武帝入關以鎮惡不伐遠方馮異於渭濱遊覽追想太公夫以宋祖無學愚智所委安能援引古事以訓羣臣者乎斯不然矣更有甚於此者覩周齊二國俱出陰山必言類互鄉則宇文

存 又

尤甚按王劭齊志宇文公呼高祖曰漢兒夫以獻武普嗣未變胡俗王宋所載其鄙甚多矣周帝仍因之以華夏則知其言不逮於齊遠矣而牛弘王劭並掌策書其載齊言也則淺俗如彼其載周言也則文雅若此夫如是何哉非兩邦有夷夏之殊由二史有虛實之異故也夫以記宇文之言而動遵經典多依史漢周史述太祖論梁元帝而曰蕭繹可謂天之所廢誰能興之者乎又宇文測爲汾州或譖之太祖怒曰何謂間我骨肉生此貝錦此並六經之言也　又曰榮權吉士也寡人與之言無二此三國志之辭也其餘言皆如此豈是宇文之語耶又按裴政梁太清實錄稱元帝使王琛聘魏長孫儉謂宇文曰王琛眼睛全不轉公曰瞎奴使癡人來豈得怨我此言與王宋所載相類可謂眞宇文之言無愧於實錄矣此何異莊子述鮒魚之對而辨類蘇張賈

生敘鵩鳥之辭而文同屈宋施於寓言則可求諸
實録則否矣其四條
世稱近史編語謂言語之語也惟周多美辭夫以博採古
文而聚成今說是則俗之所傳有雞九錫酒孝經
房中志醉鄉記或師範五經或規模三史雖文皆
雅正而其事悉虛無諸本作在字宋本作其字豈可便謂南董
之才宜居班馬之職也自梁室云季雕蟲道長謂太清巳後平頭上尾尤忌於時對語麗辭盛行於俗始
自江外被於洛中而史之載言亦同於此何之元梁典稱
議納侯景高祖曰文叔得王郎降而隗囂滅安世
用羊祜之言而孫皓平夫漢晉之君事殊潛盜梁

譏評 此老亦未可料

主必不捨其謚號呼以姓名此由須對語麗辭故
也又姚最梁略稱高祖曰得既在我失亦在予不
及子孫知復何恨夫變我稱予互文成句求諸人
語理必不然此由避平頭上尾故也又蕭韶太清
記曰云云溫子昇永安故事言爾朱世隆之攻沒
建州日怨痛之響上徹青閣酸苦痛極下傷人理
此語皆非簡要而徒積字成文並由避聲對之爲
患也或聲從流靡或語須偶對此之爲害其流甚
多假有辨如鄙叟鬼若周昌子羽修飾而言仲由
率爾而對莫不拘以文禁一槩而書必求實錄多
見其妄矣 其五條
夫晉宋已前帝王傳授始自錫命終於登極其間
牋疏款曲詔策頻煩雖事皆僞迹言並飾讓猶能
備其威儀陳其文物俾禮容可識朝野具瞻逮於

舊評當時實有是語事，史臣亦安能翦截

近古我則不暇至如梁武之居江陵齊宣之在晉陽或文出荆州假稱宣德之令江陵之建業地濶數千餘里宣德皇后下令旬日必至以此而言其僞可見或書成并部虛云孝靖之勑凡此文誥本不施行必也載之起居編之國史豈所謂撮其機要翦截浮辭者哉但二蕭陳隋諸史通多失此晉魏及宋自創業後稱公王即帝位皆數十年間事耳夫功德日盛稍進累遷足驗禮容不欺揖遜無失自齊梁已降稱王公及即帝位皆不出旬月之中耳夫以迫促如是則於禮儀何有者哉又按北齊文宣帝將受魏禪容撰錫遜勸進斷表又詔入奏請注一時頓盡則始知無前後節文等差降殺也唯王劭所撰齊志獨無是焉夫以累易古人以爲嗤如彥淵之攺魏收也以非易非彌

見其失矣而撰隋文史者稱澹大矯救失者何哉
且以澹置書方於君懋豈唯其間可容數人而已
史臣美澹而譏邵者（隋史每論皆云史臣曰今故因其成事呼爲史臣）豈
所謂通鑒乎語曰蟬翼爲重千鈞爲輕其斯之謂
矣 其六條

別傳九條

劉向列女傳云夏姬再爲夫人三爲皇后夫爲夫
人則難以驗也爲皇后則斷可知矣按其時諸國
稱王惟楚而已如巫臣諫莊將納姬氏不言曾入
楚宮則其爲后當在周室蓋周德雖衰猶稱秉禮

晋有四姬

豈可族稱姬氏而妻厥同姓者乎且魯娶於吳謂之孟子聚麀之誚起自昭公未聞其先已有斯事禮之所載何其闕如雜記曰夫人之不命於天子自魯昭公始也又以女子一身而作嬪三代求諸人事理必不然尋夫春秋之後國稱王者有七蓋由向誤以夏姬之生當夫戰國之世稱三爲王后者謂歷嬪七國諸王校以年代殊爲乖剌至於他篇茲例甚衆故論楚也則昭王與秦穆同時言齊也則晏嬰居宋景之後列女傳曰齊傷槐女景公時人謂晏子曰昔景公之時大旱三年夫謂宋景爲昔景即居其後矣今粗舉一二其流可知其六條

觀劉向對成帝稱武宣行事世傳失實事具風俗通其言可謂明鑒者矣及自造洪範五行及新序說苑列女神仙諸傳而皆廣陳虛事多構僞辭非其識不周而才不足蓋以世人都可欺故也嗚呼後生可畏何代無人而輒輕忽若斯者哉夫傳聞失眞書事失實蓋事有不獲已人所不能免也至於故爲異說以惑後來則過之尤甚者矣其三條

按蘇秦荅燕易王稱有婦人將殺夫令妾進其藥酒妾佯僵而覆之又甘茂謂蘇氏云貧人女與富人女會績曰無以買燭而子之光有餘子可分我

餘光無損子明此並戰國之時遊說之士寓言設
理以相比興及向之著書也乃用蘇氏之說爲二
婦人立傳定其邦國加其姓氏以彼烏有持爲指
實何其妄哉又有甚於此者至如伯奇化鳥對吉
甫以哀鳴宿瘤隱形干齊王而作后此則不附於
物理者矣復有懷嬴失節目爲貞女劉安覆族定
以登仙失言如是豈顧丘明之有傳孟堅之有史
哉其二三條

揚雄法言好論司馬遷而不及左丘明常稱左氏
傳唯有品藻二言而已是其鑒物有所不明者也

且雄哂子長愛奇多雜又曰不依仲尼之筆非書也自序又云不讀非聖之書然其撰甘泉賦則云鞭宓妃云云 劉勰文心已譏之矣然則文章小道無足致嗤觀其蜀王本紀稱相魄化而爲鵑荊屍變而爲鱉其言如是何其鄙哉所謂非言之難而行之難也 其四條

夫十室之邑必有忠信欲求不朽弘之在人何者交阯遠居南裔越裳之俗也燉煌僻處西域昆戎之鄉也求諸人物自古闕載蓋由地居下國路絕上京史官注記所不能及也既而士燮著錄劉昞

新 識 王

裁書則磊落英才粲然盈矚者矣向使兩賢不出二郡無記彼邊隅之君子何以取聞於後世乎是知著述之功其力大矣豈與夫詩賦小技校其優劣者哉其五條

自戰國已下詞人屬文皆僞立客主假相詶荅至於屈原離騷辭稱遇漁父於江渚宋玉高唐賦云夢神女於陽臺夫言並文章句結音韻以茲敘事足驗憑虛而司馬遷習鑿齒之徒皆採爲逸事編諸史籍疑誤後學不其甚邪必如是則馬卿遊梁枚乘譖其好色曹植至洛宓妃覩於巖畔撰魏史

者亦宜編爲實録矣其六條

嵇康撰高士傳取莊子楚辭二漁父事合成一篇夫以園吏之寓言騷人之假說而定爲實録斯已謬矣況此二漁父者校年則前後别時論地則南北殊壤而輒併之爲一豈非惑哉苟如是則蘇代所言雙禽蚌鷸此亦漁父之一事何不同書於傳乎必惟取褕袂緇帷之林。濯纓滄浪之水。彌見其末學也蘇代所言雙禽鷸蚌伍胥所遇渡水蘆中斯並漁父善事亦可同歸一録何止褕袂緇帷之林濯纓滄浪之水皆漸而已也　莊周著書以寓言爲主嵇康述高士傳多引其虛辭至若神有混沌編諸首録

缺而不載正謂班氏之善遷字傳

苟以此爲實則其流甚多至如蛙鼈競長虵蛇相憐鸞鳩笑而後言鮒魚忿以作色向使康撰幽明録齊諧記並可引爲眞事矣夫識理如此何爲而薄周孔哉 其十七條

杜元凱撰列女記博採經籍前史顯録古老明言而事有可疑猶闕而不載斯豈非理存雅正心嫉邪僻者乎君子哉若人也長者哉若人也 其八條

李陵集有與蘇武書詞彩壯麗音句流靡觀其文體不類西漢人殆後來所爲假稱陵作也遷史缺而不載良有以焉遷史編於李傳中斯爲繆矣 遷史李傳無此

張梗刻

無列字

寫之誤當是通史
子卿使還子長下
妄久矣劉氏不應若
是善忘也

書恐誤記耳

其九條

雜說十條

夫自古之學者談稱多矣精於公羊者尤憎左氏講
習於太史者則偏嫉孟堅夫能以彼所長而攻此
所短持此之是而述彼之非兼善者鮮矣其六條之
又觀世之學者或躭翫一經或專精一史談春秋
者則不知宗周既殞而人有六雄論史漢者則不
悟劉氏云亡而地分三國亦猶武陵隱士滅迹桃
源滅一作遁當此晉年猶謂暴秦之地也假有學窮千
載書總五車見良直而不覺其善逢抵牾而不知

其失葛洪所謂藏書之箱篋五經之主人而夫子
有云雖多亦安用爲其斯之謂也其二條
夫鄒好長纓齊珍紫服斯皆一時所尚非百王不
易之道也至如漢代公羊擅名三傳晉年莊子高
視六經今並挂壁不行綴旒無絕豈與夫春秋左
氏古文尚書雖暫廢於一朝終獨高於千載校其
優劣可同年而語哉其三條
夫書名竹帛物情所競雖聖人無私而君子亦黨
蓋易之作也本非記事之流而孔子繫詞輒盛述
顏子稱其殆庶雖言則無媿事非虛美亦由視予

猶父門人曰親故非所要言而曲垂編錄者矣旣而揚雄寂寞師心典誥至於童烏稚子蜀漢諸賢謂嚴李柳司馬之徒太玄法言恣加褒賞雖内舉不避而情有所偏者焉夫以宣尼叡哲子雲參聖在於著述不能忘私則自中庸已降抑可知矣如謝承漢書偏黨吳越魏收代史盛誇胡塞復焉足怪哉其四條

子曰汝爲君子儒無爲小人儒儒誠有之史亦宜然蓋左丘明司馬遷君子之史也吳均魏收小人之史也其薰蕕不類何相去之遠哉其五條

禮云禮云玉帛云乎哉史云史云文飾云乎哉何

則史者固當以好善爲主嫉惡爲次若司馬遷班
叔皮史之好善者也晉董狐齊南史史之嫉惡者
也必兼此二者而重之以文飾其唯左丘明乎自
兹已降吾未之見也　其六條
夫所謂直筆者不掩惡不虛美書之有益於褒貶
不書無損於勸誡但舉其宏綱存其大體而已非
謂絲毫必錄瑣細無遺者也如宋孝王王劭之徒
其所記也喜論人帷薄不修言貌鄙事訏以爲直
吾無取焉　其七條
夫故立異端喜造奇說漢有劉向晉有葛洪近者

沈約又其甚也後來君子幸爲詳焉昔魏史稱朱异有口才摯虞有筆才故知喉舌翰墨其辭本異而近世作者撰彼口語同諸筆文斯皆以元瑜孔璋之才而處丘明子長之任文之與史何相亂之甚乎（其八條）

夫載筆立言名流今古如馬遷史記能成一家揚雄太玄可傳千載此則其事尤大記之於傳可也至於近代則不然其有彫蟲末伎短才小說或爲集不過數卷（如陳書陰鏗傳云有集五卷其類是也）或著書纔至一篇（如梁書孝元紀云撰同姓名人錄一卷其類是也）莫不一一列名編諸

比　如

如周官音禮記音有益經籍在所當書

傳末如梁書孝元紀云撰研神記同姓名人錄陳書姚察傳云撰西征記辨若酪記後魏書劉芳傳云撰周官音禮記音齊書祖鴻勳傳云撰晉祠記凡此書或一卷兩卷而已自餘人有文集或四卷五卷者不可勝記故不具列之事同七略巨細必書斯亦煩之甚者其九條

子曰齊景公有馬千駟死之日人無德而稱焉伯夷叔齊餓於首陽之下民到于今稱之若漢代青翟劉舍位登丞相而班史無錄姜詩趙壹身止計吏而謝書有傳即其例也今之修史者則不然其有才德闕如而位官通顯史臣載筆必爲立傳其記也止具其生前歷官沒後贈謚若斯而已矣雖

其間伸以狀蹟粗陳一二幺麽常事曾何足觀始自伯起魏書。迄乎皇家五史。五史謂五代史通多此體。流蕩忘歸史漢之風。忽焉不嗣者矣。其十條

儒士顧令望校

史通卷之十八

恒

史通卷第十九

唐鳳閣舍人彭城劉子玄撰

外篇

漢書五行志錯誤第十

班氏著志牴牾者多在於五行蕪累尤甚今輒條其錯繆定爲四科一曰引書失宜二曰敘事乖理三曰釋災多濫四曰古學不精又於四科之中疏爲雜目類聚區分編之如后

第一科

引書失宜者其流有四一曰史記左氏交錯相併

別後

二曰春秋史記雜亂難別三曰屢舉春秋言無定體四曰書名去取所記不同

其志敘言之不從也先稱史記周單襄公告魯成公曰晉將有亂又稱宣公六年鄭公孫曼滿與王子伯廖語欲爲卿桉宣公六年自左傳所載也夫上論單襄則持史記以標首下列曼滿則遺左氏而無言遂令讀者疑此宣公上出史記而不云魯后莫定何邦是非難悟進退無準此所謂史記左氏交錯相併也

志云史記成公十六年公會齊侯于周桉成公者

卽魯侯也班氏凡說魯之某公皆以春秋爲冠何則春秋者魯史之號言春秋則知公是魯君今引史記居先成公在下書非魯史而公捨魯名膠柱不移守株何甚此所謂春秋史記雜亂難別也

按班書爲志本以漢爲主在於漢時直記其帝號謚耳至於他代則云某書某國君此其大例也至如敘火不炎上具春秋桓公十四年次敘稼穡不成直云嚴公二十八年而已夫以火稼之間別書漢莽之事年代已隔去魯尤踈洎乎改說異端仍取春秋爲始而於嚴公之上不復以春秋建名遂

使漢帝魯公同歸一揆必爲永例理亦可容在諸
異科事又不爾求之畫一其例無常此所謂屢舉
春秋言無定體也
按本志敘漢已前事多略其書名至如服妖章初
云晉獻公使太子率師佩之金玦續云鄭子臧好
爲聚鷸之冠此二事之上每加左氏爲首夫一言
可悉而再列其名省則都捐繁則太甚此所謂書
名去取所記不同也
第二科
敘事乖理者其流有五一曰徒發首端不副徵驗

恒

二曰虛編古語討事不終三曰直引時談竟無他述四曰科條不整尋繹難知五曰標舉年號詳略無準

志曰左氏昭公十五年晉籍談如周葬穆后既除喪而燕叔向曰王其不終乎吾聞之所樂必卒焉今王一歲而有三年之喪二焉於是乎與喪賓燕樂憂甚矣禮王之大經也一動而失二禮無大經矣將安用之按其後七年王室終如羊舌所說此即其効也而班氏了不言之此所謂徒發首端不副徵驗也

志云左氏襄公二十九年晉汝齊語智伯曰齊高子容宋司徒皆將不免子容專司徒侈皆亡家之主也專則速及侈則將以力斃九月高子出奔北燕所載至此更無他說按左氏昭公二十年宋司徒奔陳而班氏採諸本傳直寫片言閱彼全書唯徵半事遂令學者疑丘明之說有是有非汝齊之言或得或失此所謂虛編古語討事不終也

志云成帝於鴻嘉永始之載好爲微行置私田於民間谷永諫曰諸侯夢得田占爲失國而況王者畜私田財物爲庶人之事乎已下弗云成帝悛與

不悛谷永言効與不効諫詞雖具諸事闕如此所謂直引時談竟無他述者也

其述庶徵之恒寒也先云釐公十年冬大雨雹隨載劉向之占次云公羊經曰大雨雹續書董生之解桉公羊所說與上奚殊而再列其辭俱云大雨雹而又此科言大雪與雹繼言隕霜殺草起自春秋訖乎漢代其事既盡仍重敘雹災分散相離斷絶無趣夫同是一類而限成二條首尾紛拏章句錯糅此所謂科條不整尋繹難知者也

夫人君改元肇自劉氏史官所録須存凡例桉斯

終　巳始

志之記異也首列元封年號不詳漢代何君次言地節河平具述宣成二帝宣帝地節四年成帝河平二年其紀年號如此武稱元鼎每歲皆書始云元鼎二年續復云元鼎三年按三年宜除元鼎之號也哀曰建平同年必錄始云哀帝建平三年續復云哀帝建平三年按同是一年宜云是歲而已不當言重其事也此所謂標舉年號詳略無準者也

第三科

釋災多濫其流有八一曰商搉前世全違故實二曰影響不接牽引相會三曰敷演多端準的無主四曰輕持善政用配妖禍五曰但伸解釋不顯符

馮評曰論

應六曰考覈雖讜義理非精七曰妖祥可知寢嘿
無說八曰不循經典自任胷懷
志云史記周威烈王二十三年九鼎震是歲韓魏
趙篡晉而分其地威烈王命以爲諸侯天子不恤
同姓而爵其賊臣天下不附矣按周當戰國之世
微弱尤甚故君疑竊斧臺名逃債正比夫泗上諸
侯附庸小國者耳至如三晉跋扈欲爲諸侯雖假
王命實由已出譬夫近代莽稱安漢匪平帝之至
誠卓號太師豈獻皇之本願而作者苟責威烈以
妄施爵賞坐貽妖孽豈得謂人之情僞盡知之矣

其

者乎此所謂商攉前世全違故實也
志云昭公十六年九月大雩先是昭毋夫人歸氏
薨昭不戚而大蒐于比蒲又曰定公十一年九月
大雩先是公自侵鄭歸而城中城二大夫圍鄆按
夫大蒐于比蒲昭之十一年城中城圍鄆定之六
年也其二役去雩皆非一載夫以國家常事而坐
延災告歲月既遥而方聞感應斯豈非烏有成說
扣寂爲辭者哉此所謂影響不接牽引相會也
志云嚴公七年秋大水董仲舒劉向以爲嚴母姜
與兄齊侯淫共殺桓公嚴釋怨讎復娶齊女未入

恒

而先與之淫一年再出會於道逆亂臣下賤之應也又云十一年秋宋大水董仲舒以爲時魯宋比年有乘丘鄑之戰百姓愁怨陰氣盛故二國俱水謂七年魯大水今年宋大水也按此說有三失焉何者嚴公十年十一年公敗宋師於乘丘及鄑夫以制勝克敵策勳命賞可以祈榮降福而反愁怨貽災邪其失一也且先是數年嚴遭大水亦謂七年校其時月殊在戰前而云與宋交兵故二國大水其失二也況於七年之內已釋水災始以齊女爲辭終以宋師爲應前後靡定向背何依其失三也夫以一災示告而

三說競興此所謂敷演多端準的無主者也
其釋厥咎舒厥罰恒燠以爲其政弛慢失在舒緩
故罰之以燠冬而無冰尋其解春秋之無冰也皆
主内失黎庶外失諸侯不事誅賞不明善惡蠻夷
猾夏天子不能討大夫擅權邦君不敢制若斯而
已矣然至武帝元封六年冬無冰而云先是遣衛
霍二將軍窮追單于斬首十餘萬級歸而大行慶
賞上又閔恤勤勞遣使巡行天下存賜鰥寡假與
乏困舉遺逸獨行君子詣行在所郡國有以爲便
宜者上丞相御史以聞於是天下咸喜按漢帝其

武功文德也如彼其先猛後寛也如此豈是有懦弱淩遲之失而無刑罰戡定之功哉何得苟以無氷示災便謂與昔人同罪矛盾自己始末相違豈其甚邪此所謂輕持善政用配妖禍者也

志云孝昭元鳳三年太山有大石立眭孟以爲當有庶人爲天子者京房易傳云太山之石顛而下聖人受命人君虜又曰石立於山同姓爲天下雄

按此當是孝宣皇帝卽位之祥也夫宣帝出自閭閻坐登宸極所謂庶人受命者也以曾孫血屬上纂皇統所謂同姓之雄者也昌邑見廢謫居遠方

鑛評　此亦何殊說夢　乃持以責人

所謂人君虜者也班書載此徵祥雖具有剖析而求諸後應曾不縷陳敘事之宜豈其若是苟文有所闕則何以成言者哉此所謂但申解釋不顯符應也

志云成帝建始三年小女陳持弓年九歲走入未央宮又云綏和二年男子王褒入北司馬門上前殿班志雖已有證據言多䟽闊今聊演而申之按女子九歲者九則陽數之極也男子王褒者王則巨君之姓也入北司馬門上前殿者王莽始爲大司馬至哀帝時就國帝崩後仍此官因以簒位夫

三百六十字

入司馬門而上殿亦由從司馬而升極災祥示兆其事甚明忽而不書爲略何甚此所謂解釋雖讜義理非精也

志云哀帝建平四年山陽女子田無嗇懷姙三月兒啼腹中及生不舉葬之陌上三日人過聞啼聲母掘土收養尋本志雖述此妖災而了無解釋桉人從胞至育含靈受氣始末有恒數前後有定準至在孕甫爾遽發啼聲者亦由物有基業未彰而形象已兆即王氏簒國之徵生而不舉葬而不死者亦猶物有期運已定非誅剪所平即王氏受命

人　於

之應也又案班志以小女陳持弓者陳即莽之所出如女子田無嗇者田故莽之本宗事既同占言無一槩豈非唯知其一而不知其二者乎此所謂妖祥可知寢嘿無說也

當春秋之時諸國賢俊多矣如沙麓其壞梁山云崩鶂退蜚於宋都龍交鬬於鄭水或伯宗子產具述其非妖或卜偃史過盛言其必應蓋于時有識君子以爲美談故左氏書之不刊貽厥來裔既而古今路阻聞見壤隔至漢代儒者董仲舒劉向之徒始別搆異聞輔申他說以兹後學淩彼先賢蓋

今諺所謂季與厥昆爭知嫂諱者也今諺云弟與兄爭嫂字以其名鄙故稍文飾之而班志尚捨長用短捐舊習新苟出異同自矜魁博多見其無識者矣此所謂不循經典自任胷懷也

第四科

古學不精者其流有三一曰博引前書網羅不盡二曰兼採左氏遺逸甚多三曰屢舉舊事不知所出

志曰庶徵之恒風劉向以爲春秋無其應劉歆以爲釐十六年左氏傳釋六鷁退飛是也案舊史稱

劉向學穀梁歆學左氏既祖習各異而聞見不同信矣而周木斯拔鄭車僨濟風之爲害備於尚書春秋向則略而不言歆則知而不傳又詳言衆怪歷敘羣妖述雨氂爲災而不錄趙毛生地書異鳥相育而不載宋雀生鸇斯皆見小忘大舉輕略重蓋學有不同識無通鑑故也且當炎漢之代厥異尤奇若景帝承平赤風如血于公在職亢陽爲旱在紀與傳各具其祥在於志中獨無其說者何哉所謂博引前書網羅不盡也

左傳云宋人逐猘狗華臣出奔陳又云宋公子地

劉容

有白馬景公奪而朱其尾鬣以弛弟辰以蕭叛班志書此二事以爲犬馬之禍（此二事是班生自釋非引諸儒所言）按左氏所載斯流寔繁如季氏之逆也由鬬雞而傳芥衞侯之敗也因養鶴以乘軒曹亡首於獲雁鄭殺萌於解黿郤至奪豕而家滅華元殺羊而卒奔此言白黑之祥羽毛之孽何獨捨而不論唯徵犬馬而已此所謂兼採左氏遺逸甚多也

按太史公書自春秋已前所有國家災眚賢哲占候皆出於左氏國語者也今班志所引上自周之幽厲下終魯之定哀而不云國語唯稱史記豈非

忘本狥末逐近棄遠者乎此所謂屢舉舊事不知所出也

所定多目凡一十九種但其失既衆不可殫論故每目之中或時與一事庶觸類而長他皆可知又按斯志之作也本欲明吉凶釋休咎懲惡勸善以誡將來至如春秋已還漢代而往其間日食地震石隕山崩雨雹雨魚大旱大水犬豕爲禍桃李冬花多直敘其災而不言其應載春秋時日食三十六而二不言其應漢時日食五十三而四十不言其應又惠帝二年武帝征和二年宣帝本始四年元帝永和三年綏和四年皆地震隕石凡四十總不言其應又皇后二年武都道山崩成帝和平二年楚國雨雹大如斧蜚

鳥死成帝鴻嘉四年雨魚于信都孝景之時大旱者二昭成二年大雨水三河平元年長安有如人狀被甲持兵弩擊之皆狗也又鴻嘉中狗與豕交惠帝五年十月桃李花棗實皆不言其應此乃魯史之春秋漢書之帝紀耳何用復編之於此志哉昔班叔皮云司馬遷敘相如則舉其郡縣蕭曹仲舒並時之人不記其字或縣而不郡蓋有所未暇也若孟堅此志錯繆殊多豈亦刊削未周者邪不然何脫略之甚也亦有穿鑿成文强生異義如蜮之爲惑麋之爲迷隕五石者齊五子之徵崩七山者漢七國之象叔服會葬成伯來奔亢陽所以成妖鄭易許田魯謀萊國食苗所以爲禍諸如此

蜀評諸駁俱核

比事一作其類弘多徒有解釋無足觀採知音君子
幸爲詳焉

漢書五行志雜駁第十一 春秋時事違謬最多總十五條

魯文公二年不雨班氏以爲自文即位天子使叔
服會葬毛伯賜命又會晉侯于戚上得天子外得
諸侯沛然自大故致亢陽之禍按周之東遷日以
微弱故鄭取温麥射王中肩楚絕苞茅觀兵問鼎
事同列國變雅爲風如魯者方大邦不足比小國
有餘安有暫降衰周使臣遽以驕矜自恃坐招厥
罰亢陽爲怪求諸人事理必不然天高聽卑豈其

蹔

若是也其七條
春秋成公元年無氷班氏以爲其時王札子殺召
伯毛伯按今春秋經札子殺毛召事在宣十五年
而此言成公時未達其說下去無氷凡有三載春
秋昭公九年陳火董仲舒以爲陳夏徵舒殺君楚
嚴王（嚴卽莊也皆依本書不改其字下同）託欲爲陳討賊陳國闢門
而待之因滅陳陳之臣子毒恨尤甚極陰生陽故
致火災按楚嚴王之入陳乃宣十一年事也始有
蹊田之謗取愧叔時（愧一作譏）終有封國之恩見賢尼
父。毒恨尤甚其理未聞按陳前後爲楚所滅者三

又

鄧下六字尚有脫文

始宣十一年爲楚嚴王所滅次昭八年爲楚靈王所滅後哀十七年爲楚惠王所滅今董生誤以陳次亡之役是楚始滅之時遂妄有占候虛辨物色尋昭之上去於宣會易四主嚴之下至於靈楚經五代雖懸隔頓別而混雜無分嗟乎下帷三年誠則勤矣差之千里何其闊哉其二條

春秋桓公三年日有食之旣京房易傳以爲後楚嚴始稱王兼地千里按楚自武王僭號鄧盟是懼曼荆尸又歷文成繆三王方至於嚴是則楚之爲王巳四世矣何得言嚴始稱之者哉又魯桓公薨後

歷嚴閔釐文宣釐即僖皆依本書不改其字下同凡五公而楚嚴始作霸安有桓三年日食而已應之者邪非唯敘事有違亦自占候失中者矣其三條

春秋釐公二十九年秋大雨雹劉向以爲釐公末年公子遂專權自恣至於弑君陰脅陽之象見釐公不悟遂後二年殺公子赤立宣公按遂之立宣殺子赤也此乃文公末代輒謂僖公暮年世寔懸殊言何倒錯其四條

春秋釐公十二年日有食之劉向以爲是時莒滅杞案十四年諸侯城緣陵公羊傳曰曷爲城杞滅

之孰滅之蓋徐莒也如中壘所釋當以公羊爲本
爾然則公羊所説不如左氏之詳左氏襄公二十
九年晉平公時杞尚存云云　其五條
春秋文公元年日有食之劉向以爲後晉滅江按
本經書文四年楚人滅江今云晉滅其説無取且
江居南裔與楚爲隣晉處北方去江殊遠稱晉所
滅其理難通　其六條
左氏傳魯襄公時宋有生女子赤而毛棄之隄下
宋平公母共姬之御者見而收之因名曰棄長而
美好納之平公生子曰佐後宋臣伊戾讒太子痤

而殺之事在襄二十六年先是大夫華元出奔晉事在成十五年華合比奔衛事在昭六年劉向以爲時則有火災赤眚之明應也楼災祥之作將應後來事蹟之彰用符前兆如華元奔晉在成十五年參諸棄隄實難符會又合比奔衛在昭六年而與華元奔晉俱云先是惟前與後事並相違者焉其七條

春秋成公五年梁山崩七年鼷鼠食郊牛角襄公十五年日有食之董仲舒劉向皆以爲自此後晉爲雞澤之會諸侯盟大夫又盟後爲溴梁之會諸侯在而大夫獨相與盟君若綴旒不得舉手又襄

公十六年五月地震劉向以爲是歲三月大夫盟於溴梁而五月地震矣又其二十八年春無氷班固以爲天下異也襄公時天下諸侯之大夫皆執國權君不能制漸將日甚穀梁云諸侯始失政大夫執國權又曰諸侯失政大夫盟政在大夫大夫之不臣也桉春秋諸國權臣可得言者如三桓六卿田氏而已如雞澤之會溴梁之盟其臣豈有若向之所說者邪然而穀梁爲大夫不臣諸侯失政譏其無禮自擅在兹一舉而已非是如政由甯氏祭則寡人相承世官遂移國柄若斯之失也董劉之徒不窺左氏直憑二傳遂廣爲他說多

劭傳云採摭經史謬誤為讀書志三十卷時人服其精博君懋此說出于應仲遠譏名諱議見左傳疏中

肆侈言仍云君若綴旒臣將日甚何其妄也其八條

春秋昭十七年六月日有食之董仲舒以爲時宿在畢晉國象也晉厲公誅四大夫失衆心以弒死後莫敢復責其大夫六卿遂相與比周專晉國晉君還事之桉晉厲公所屍唯三郤耳何得云誅四大夫者哉其九條

又州滿既死今春秋左氏本皆作州蒲誤也當爲州滿事具王劭讀書志悼公嗣立選六官者皆獲其才逐七人者盡當其罪以辱及揚干將誅魏絳覽書後悟引愆授職此則生殺在己寵辱自由故能申五利以和戎馳三駕以

挫楚威行夷夏霸復文襄而云不復責大夫何厚
誣之甚也自昭公已降晉政多門如以君事臣居
下僭上者此乃因昭之失漸至陵夷匪由懲厲之
弑自取淪辱也豈可輒持彼後事用誣先代者乎

其十條

哀公十三年十一月有星孛于東方董仲舒劉向
以爲周之十一月夏九月日在氐出東方者軫角
亢也或曰角亢大國之象爲齊晉也其後田氏簒
齊六卿分晉按星孛之後二年春秋之經盡矣又
十二年左氏之傳盡矣自傳盡後八十二年齊康

公爲田和所滅又七年晉靜公爲韓魏趙所滅上去星孛之歲皆出百餘年辰象所躔氛祲所指共相感應何太疏闊者哉且當春秋既終之後左傳未盡之前其間衞弒君越滅吳魯遜越云云賊臣逆子破家亡國多矣此正得東方之象大國之徵何故捨而不述遠求他代者乎又范與中行早從殄滅智入戰國繼踵云亡輒與三晉連名楙以六卿爲目殊爲謬也尋斯失所起可以意測何者二傳所引事終西狩獲麟左氏所書語連趙襄滅智漢代學者唯讀二傳不觀左氏故事有不周言多

脫略且春秋之後戰國之時史官闕書年祀難記而學者遂疑篡齊分晉時與魯史相鄰故輕引災祥用相符會白珪之玷何其甚歟 其十七條

春秋釐公三十三年十二月隕霜不殺草成公五年梁山崩七年鼷鼠食郊牛角劉向以其後三家逐魯昭公卒死於外之象按乾侯之出事由季氏孟叔三孫本所不預況昭子以納君不遂發憤而卒論其義烈道貫幽明定爲忠臣猶且無愧編諸逆黨何乃厚誣夫以罪由一家而兼云三族以此題目何其濫歟 其十八條

左氏傳昭公十九年龍鬬於鄭時門之外洧淵劉向以爲近龍孽也鄭小國攝乎晉楚之間重以强吳鄭當其衝不能修德將鬬三國以自危亡是時子產任政內惠於民外善辭令以交三國鄭卒無患此能以德銷災之道也按昭之十九年晉楚連盟干戈不作吳雖强暴未擾諸華鄭無外虞非子產之力也又吳爲遠國僻在江干必略中原當以楚宋爲始鄭居河潁地匪夷庚謂當要衝殊爲乖角求諸地理不其爽歟 其十二條

春秋昭公十五年六月日有食之董仲舒以爲時

宿在畢晉國象也云云　日比再食其事在春秋後故不載於經按自昭十四年迄于獲麟之歲其間日食復有七焉事列本經披文立驗安得云再食而已又在春秋之後也且觀班志編此七食其六皆載董生所占復不得言董以事後春秋故不存編錄再思其語三覆所由斯蓋孟堅之誤非仲舒之罪也其十四條

春秋昭公九年陳火劉向以爲先是陳侯之弟招殺陳太子偃師楚因滅陳春秋不與蠻夷滅中國故復書陳火也按楚縣中國以爲邑者多矣如邑

按子政之說大意出於公羊若陳之復國在昭公十三年秋楚靈死於乾谿之後不得猶相詰難

有疑見於經者豈可不以楚爲名者哉盖當斯時陳雖暫亡尋復舊國故仍取陳號不假楚名獨不見鄭裨竈之說斯災也曰五年陳將復封封五十二年而遂亡此其効也自斯而後若顓頊之墟宛丘之地如有應書於國史豈可復謂之陳乎其十五條

年裨竈說之

儒士唐光貽校

史通卷之十九

史通卷之十九

玄公至毒而獻之則非經時也

史通卷第二十

唐鳳閣舍人彭城劉子玄撰

外篇

暗惑第十二 總十四條

夫人識有不燭神有不明則眞僞莫分邪正靡別昔人有以髮繞炙誤其國君者有置毒於胙誣其太子者夫髮經炎炭必致焚灼毒味經時無復殺害而行之者僞成其事受之者信以爲然故使見咎一時取怨千載夫史傳敘事亦多如此其有道理難憑欺誣可見如古來學者莫覺其非蓋往往

有焉今聊舉一二加以駁難列之如左其一條

史記本紀曰瞽叟使舜穿井爲匿空旁出瞽叟與象共下土實井瞽叟象喜以舜爲已死象乃止舜宮

難曰夫杳冥不測變化無恒兵革所不能傷網羅所不能制若左慈易質爲羊。劉根竄引入壁是也。時無可移禍有必至雖大聖所不能免若姬伯拘於羑里。孔父厄於陳蔡是也。然俗之愚者皆謂彼幻化是爲聖人豈知聖人智周萬物才兼百行若斯而已與夫方內之士有何異哉如史記云重華入於井中匿空出去此則其意以舜是左慈劉根之類非姬伯孔父之徒苟識事如斯難以語夫聖道矣且桉太史公黃帝堯舜軼事時時見於他說余擇其言尤雅者著爲本紀書首若如向之所述豈可謂之雅邪 其二條

又史記滑稽傳孫叔敖爲楚相楚王以霸病死居數年其子窮困負薪優孟卽爲孫叔敖衣冠抵掌談語歲餘像孫叔敖楚王及左右不能別也莊王置酒優孟爲壽王大驚以爲孫叔敖復生欲以爲相

霨評楚王所謂叔敖復生豈在眉目口鼻

霨評固甚

難曰蓋語有之人心不同有如其面故窳隆異等修短殊姿皆禀之自然得諸造化非由倣傚俾有遷革如優孟之象孫叔敖也衣冠談說容或亂眞眉目口鼻如何取類而楚王與其左右曾無疑惑者邪昔陳篳既亡累年而活秦諜從縊六日而蘇遂使竹帛顯書今古稱怪況叔敖之没時日已久楚王必謂其復生也先當詰其枯骸再肉所由闔棺重開所以豈有片言不接一見無疑遽欲加以寵榮復其禄位此乃類夢中行事豈人倫所爲者哉其六三條

三百三十七字

旂

又史記田敬仲世家曰田常成子以大斗出貸以小斗收齊人歌之曰嫗乎采芑歸乎田成子

難曰夫人既從物故然後加以易名田常見存而遽呼以謚此之不實明然可知又按左氏傳石碏曰陳桓公方有寵於王論語陳司敗問孔子昭公知禮乎史記家令說太上皇曰高祖雖子人主也諸如此說其例皆同然而事由過誤易爲筆削若田氏世家之論成子也乃結以韻語纂成歌詞欲加刊正無可釐革故獨舉其失以爲標冠云其四條

又史記仲尼弟子列傳曰孔子既沒有若狀似孔

子弟子相與共立爲師事之如夫子他日弟子進問曰昔夫子嘗行使弟子持雨具已而果雨商瞿長無子毋爲取家孔子曰瞿年四十後當有五丈夫子已而果然敢問夫子何以知之有若嘿然無應弟子起曰有若避此非子之坐也

難曰孔門弟子七十二人柴愚參魯宰言游學師商可方。回賜非類此並聖人品藻優劣已詳門徒商摧臧否又定如有若者名不隸於四科譽無偕於十哲逮尼父既没方取爲師以不荅所問始令避坐同稱達者何見事之晚乎且退老西河取疑

師 空 子避

夫子猶使喪明致罰投杖謝愆何肯公然自欺詐相策奉此乃童兒相戲非復長老所爲觀孟軻著書首陳此說馬遷裁史仍習其言得自委巷曾無先覺悲夫 其五條

又史記漢書皆曰上自雒陽南宮從複道望見諸將往往相與坐沙中語上曰此何語留侯曰陛下所封皆故人親愛所誅皆平生讎怨此屬畏誅故相聚謀反爾上乃憂曰爲之奈何留侯曰上平生所憎誰最甚者上曰雍齒留侯曰今先封雍齒以示羣臣羣臣見雍齒封則人人自堅矣於是上置

酒封雍齒爲侯

難曰夫公家之事知無不爲見無禮於君如鷹鸇之逐鳥雀桉子房之少也傾家結客爲韓報仇此則忠義素彰名節甚著其事漢也何爲屬羣小聚謀將犯其君遂嘿然杜口俟問方對儻若高祖不問竟欲無言者邪且將而必誅罪在不測如諸將屯聚圖爲禍亂密言臺上。猶懼覺知。羣議沙中。何無避忌。爲國之道必不如斯然則張良慮反側不安雍齒以嫌疑受爵蓋當時實有其事也如複道之望坐沙而語是說者敷演妄益其端耳 其六條

又東觀漢記曰赤眉降後積甲與熊耳山齊云云
難曰按盆子既亡棄甲誠衆必與山比峻則未之
有也昔太誓云前徒倒戈血流漂杵孔安國曰盖
言之甚也如積甲與熊耳山齊者抑亦血流漂杵
之徒歟其七條
又東觀漢記曰郭伋爲并州牧行部到西河美稷
有童兒數百各騎竹馬於道次迎拜伋問兒曹何
自遠來對曰聞使君始到喜故奉迎伋辭謝之事
訖諸兒送至郭外問使者何日當還伋使別駕計
日告之既還先期一日伋爲違信止於野亭須期
日

乃入

難曰盖此事不可信者三焉桉漢時方伯儀比諸侯其行也前驅竟野（竟一作蔽）後乘塞路鼓吹沸喧旌棨塡咽彼草萊稚子齠齔童兒非唯羞赧不見亦自驚惶失據安能犯騶駕凌襜帷首觸威嚴自陳襟抱其不可信一也又方伯桉部舉州振肅至於墨綬長吏黄綬羣官率彼吏人顒然佇候兼復掃除逆旅行李有程嚴備供具憩息有所如棄而不就居止無常必公私闕擬客主俱窘凡爲良二千石固當知人所苦安得輕赴數童之期坐失百城

恒

馮評 固甚

之望其不可信二也夫以晉陽無竹古今共知假有傳檄他方盖亦事同大夏訪諸商賈不可多得況在童孺彌復難求羣戲而乘如何克辨其不可信三也凡說此事總有三科摧而論之了無一實異哉 其八條

又魏志注語林曰匈奴遣使人來朝太祖令崔琰在座而已握刀侍立既而使人問匈奴使者曰曹公何如對曰曹公美則美矣而侍立者非人臣之相太祖乃追殺使者 云云

難曰昔孟陽臥牀詐稱齊后紀信乘纛矯號漢王

馮評此時魏武亦未得謂萬國具瞻言同綸綍

漢末南匈奴甚微此難無當

或主遘屯蒙或朝罹兵革故權以取濟事非獲巳如崔琰本無此急何得以臣代君者哉且凡稱人君皆愼其舉措況魏武經綸霸業南面受朝而使臣居君座君處臣位將何以使萬國具瞻百寮僉矚也又漢代之於匈奴其爲綏撫勤矣雖復賂以金帛結以親姻猶恐虺毒不悛狼心易擾如輒殺其使者不顯罪名復何以懷四夷於外蓄建五利於中國且曹公必以所爲過失懼招物議故誅彼行人將以杜玆謗口而言同綸綍聲遍寰區欲盖而彰止益其辱雖愚暗之主猶所不爲況英略之

歸一作㤥

君豈其若是夫剟荛鄙説閭巷謏言諸如此書通無擊難而裴引語林斯事編入魏史注中持彼虚詞亂玆實録故特申掎摭辨其疑誤者焉盖曹公多詐好立詭謀流俗相欺遂爲此説其九條

又魏世諸小書皆云文鴦侍講殿瓦皆飛云云

難曰案漢書云項王叱咤慴伏千人然則呼聲之極大者不過使人披靡而已尋文鴦武勇遠慚項籍況侍君側固當屏氣徐言安能使檐瓦皆飛有踰武安鳴鼓且瓦既飄隕則人必震驚而魏帝與其羣臣焉得歸然無害也其十條

又晉陽秋曰胡質爲荊州刺史子威自京師省之見父十餘日告歸質賜絹一疋爲路粮威曰大人清高不審於何得此絹質曰是吾俸祿之餘難曰古人謂方牧爲二千石者以其祿有二千石故也名以定體貴實甚焉設使廉如伯夷介若黔敖苟居此職終不患於貧餧者如胡威之別其父也一縑之財猶且發問則千石之俸其費安施料以牙籌推以食箸察其厚薄知不然矣或曰觀諸史所載茲流非一如張湛爲蜀郡乘折轅車吳隱之爲廣州貨犬待客並其類也必以多爲證則足可無疑然人自有身安弊緼曰

甘麄糲而多藏鏹帛無所散用者故公孫弘位至三公而臥布被食脫粟飯汲黯所謂齊人多詐者是也安知胡威之徒其儉亦皆如此而史臣不詳厥理直謂清白當然繆矣哉 其十七條

又新晉書阮籍傳曰籍至孝母終正與人圍棊對者求止籍留與決既而飲酒二斗舉聲一號吐血數升及葬食一蒸豘飲酒二斗然後臨穴直言窮矣舉聲一號因復吐血數斗毀瘠骨立殆致滅性雖曰夫人才雖下愚識惟不肖始亡天屬必致其哀但以苴經未幾悲荒遽輟如謂本無戚容則未

宋人新唐書名本此

二斗酒 之

雖 郭刻

之有也況嗣宗當聖善將没閔凶所鍾合門惶恐舉族悲咤居里巷者猶停舂相之音在鄰伍者尚申匍匐之救而爲其子者方對局求決舉杯酣觴但當此際曾無感惻則心同木石志如梟獍者安有既臨泉穴始知摧慟者乎求諸人情事必不爾又孝子之喪親也朝夕孺慕鹽酪不嘗斯可至於癯瘠矣如甘旨在念則筋肉内寬醉飽自支（一作得）則肌膚外博況乎溺情狃酒不攺平素雖復時一嘔慟豈能柴毁骨立乎盖彼阮生者不修名教居喪過失而説者遂言其無禮如彼人以其志操尤

異才識甚高而談者遂言其至性如此惟毁及譽皆無取焉其十二條

又新晉書王祥傳曰祥漢末遭亂扶母攜弟覽避地廬江隱居三十餘年不應州郡之命母終徐州刺史呂虔檄爲別駕年垂耳順覽勸之乃應召于時寇賊充斥祥率勵兵士頻討破之時人歌曰海沂之康實賴王祥年八十五太始五年薨

難曰祥爲徐州別駕寇盜充斥固是漢建安中徐州未清時事耳有魏受命凡三十五年上去徐州寇賊充斥下至晉太始五年當六十年巳上矣祥

與雜記載未充且供養三十餘年母終乃仕孫盛雜語也祥始出仕年過五十矣王隱之文也宜并難二家若云徐州清晏則呂虔傳固有討利城叛賊之語

於建安中已垂耳順更加六十載至晉太始五年薨則當年一百二十歲矣而史云年八十五薨者何也如必以終時實年八十五則爲徐州别駕止可年二十五六矣又云其未從官已前隱居三十餘載者但其初被檄時止年二十五六自此而往安得復有三十餘年乎必謂祥爲别駕在建安後則徐州清晏何得云于時寇賊充斥祥率勵兵士頻討破之乎求其前後無一符會也其十三條

凡所駁難具列如右盖精五經者討羣儒之别義練三史者徵諸子之異聞加以探賾索隱然後辨

以

其紕繆如向之諸史所載則不然何者其敘事也唯記一途直論一理而矛盾自顯表裏相乖非復抵牾直成狂惑者爾尋兹失所起良由作者情多忽略識惟愚滯或採彼流言不加詮擇或傳諸繆說即從編次用使眞僞混淆是非參錯蓋語曰君子可欺不可罔至如邪說害正虛詞損實小人以爲信爾君子知其不然語曰盡信書不如無書蓋爲此也夫書彼竹帛事非容易凡爲國史可不愼諸

其十四條

忤時第十三

孝和皇帝時韋武弄權毋媼預政凡有附麗之者
起家而綰朱紫予以無所傅會取擯當時一爲中
允四載不遷會天子還京師朝廷顧從者衆予求
番次在大駕後發因逗留不去守司東都杜門却
掃凡經三載或有譖予躬爲史臣不書國事而取
樂丘園私自著述者由是驛召至京令專執史筆
于時小人道長綱紀日壞仕於其間忽忽不樂遂
與監修國史蕭至忠等諸官書求退曰僕幼聞詩
禮長涉藝文至於史傳之言尤所躭悅尋夫左史
右史是曰春秋尚書素王素臣斯稱微婉志晦兩

隋志漢趙記十卷和苞撰

京三國班謝陳習闡其謩中朝江左王陸干孫紀其曆劉石僭號方策委於和張宋齊應錄惇史歸於蕭沈亦有汲冢古篆禹穴殘編孟堅所亡葛洪刊其雜記休文所缺謝綽裁其拾遺凡此諸家其流蓋廣莫不賾彼泉藪尋其枝葉原始要終備知之矣若乃劉峻作傳自述長於論才范曄爲書盛言矜其贊體斯又當仁不讓庶幾前哲者焉然自策名仕伍待罪朝列三爲史臣再入東觀竟不能勒成國典貽彼後來者何哉靜言思之其不可有五故也何者古之國史皆出自一家如魯漢之丘

明子長晉齊之董狐南史咸能立言不朽藏諸名山未聞籍以衆功方云絕筆唯後漢東觀大集羣儒著述無主條章靡立由是伯度譏其不實公理以爲可焚張蔡二子糺之於當代傅范兩家嗤之於後葉今者史司取士有倍東京人自以爲荀袁家自稱爲政駿每欲記一事載一言皆閣筆相視含毫不斷故首白可期而汗青無日其不可一也前漢郡國計書先上太史副上丞相後漢公卿所撰始集公府乃上蘭臺由是史官所修載事爲博爰自近古此道不行史臣編錄唯自詢採而左右

三百八十字

不該一作匪詳

紀實一作實録

韶字從文粹及唐高提改正

二史闕注起居衣冠百家罕通行狀求風俗於州郡視聽不該討沿革於臺閣簿籍難見雖使尼父再出猶且成其管窺況僕限以中才安能遂其博物其不可二也昔董狐之書法也以示於朝南史之書弒也執簡以往而近代史局皆通籍禁門深居九重欲人不見尋其義者蓋由杜彼顔面防諸請謁故也然今館中作者多士如林皆願長喙無聞齰舌儻有五始初成一字加貶言未絶口而朝野具知筆未棲毫而縉紳咸誦夫孫盛紀實取嫉權門王韶直書見讎貴族人之情也能無畏乎其

實録

令一作意

不可三也古者刊定一史纂成一家體統各殊指歸咸别夫尚書之教也以疏通知遠爲主春秋之義也以懲惡勸善爲先史記則退處士而進姦雄漢書則抑忠臣而飾主闕斯並曩時得失之例良史是非之準作者言之詳矣頃史官注記多取禀監修楊令公則云必須直詞宗尚書則云宜多隱惡十羊九牧其意難行一國三公適從何在其不可四也切以史置監修雖古無式尋其名號可得而言夫言監者蓋總領之義耳如創紀編年則年有斷限草傳敘事則事有豐約或可略而不略或

應書而不書此刊削之務也屬詞比事勞逸宜均揮鈆奮墨勤惰須等某表某篇付之此職某傳某志歸之彼官此銓配之理也斯並宜明立科條審定區域儻人思自勉則書可立成今監之者既不指授修之者又無遵奉用使爭學苟且務相推避坐變炎涼徒延歲月其不可五也凡此不可其流實多一言以蔽三隅自反而時談物議安得笑僕編次無聞者哉比者伏見明公每汲汲於勸誘勤勤於課責或云墳籍事重努力用心或云歲序已淹何時輟手切以綱維不舉而督課徒勤雖威以

紀 傳

剌骨之刑勗以懸金之賞終不可得也語曰陳力就列不能者止所以比者布懷知己歷抵羣公屢辭載筆之官願罷記言之職者正爲此爾抑又有所未諭聊復一二言之比奉高命令隸名修史其職非一如張尚書崔岑二吏部鄭太常等既迫以吏道不可拘之史任以僕曹務多閑勒令專知下筆夫以惟寂惟寞乃使記事記言苟如其例則柳常侍劉秘監徐禮部等並門可張羅府無堆案何事置之度外而使各無羈束乎必謂諸賢載削非其所長以僕鎗鎗佼佼故推爲首最就如斯理亦

有其說何者僕少小從仕早躡通班當皇上初臨
萬邦未親庶務而以守玆介直不附姦臣遂使官
若土牛棄同芻狗逮鑾輿西幸百寮畢從自惟官
曹務簡求以留後居臺常謂朝廷不知國家於我
已矣豈謂一旦忽承恩旨州司臨門使者結轍旣
而驅駟馬入函關排千門謁天子引賈生於宣室
雖歎其才召季布於河東反增其愧明公旣位居
端揆望重台衡飛沉屬其顧盼榮辱由其俛仰曾
不上祈宸極申之以寵光僉議搢紳縻我以好爵
其相見也直云史筆闕書爲日已久石渠掃第恩

子爲勞今之仰追唯此而已抑明公足下獨不聞劉炫蜀王之說乎昔劉炫仕隋爲蜀王侍讀尚書牛弘嘗問之曰君王遇子其禮如何曰相期高於周孔見待下於奴僕弘不悟其言請聞其義炫曰吾王每有所疑必先見訪是相期高於周孔酒食左右皆饜而我餘瀝不霑是見待下於奴僕也僕亦竊不自揆輒敢方於鄙宗何者求史才則千里降追語宦途則十年不進意者得非相期高於班馬見待下於兵卒乎又人之品藻貴識其性明公視僕於名利何如哉當其坐嘯洛城非隱非吏惟

輕　宦

以守愚自得寧以克誠攖心但今者黽勉從事攣
拘就役朝廷厚用其才竟不薄加其禮求諸隗始
其義安施儻使士有澹雅若嚴君平清廉如段干
木與僕易地而處亦將彈鋏告勞積薪爲恨況僕
未能免俗能不蔕芥於心者乎當今朝號得人國
稱多士蓬山之下良直差肩芸閣之中英奇接武
僕既功虧刻鵠筆未獲麟徒彈太官之膳虛索長
安之米乞已本職還其舊居多謝簡書請避賢路
唯明公足下哀而許之至忠得書大慚無以酬荅
又惜其才不許解史任而宗楚客崔湜鄭愔等皆

惡聞其短共讎嫉之俄而蕭宗等相次伏誅然後
獲免於難

儒士姚士念校

唐藝文志柳氏釋史十卷柳璨所著一作史通析
微今不復傳

史通卷之二十終

題蜀本史通後

深在史館日嘗於同年崔君子鍾家獲見史通寫本訛誤當時苦於難讀也年力既徃善本未忘嘉靖甲午之歲叅政江藩時同鄉王君舜典以左轄遷自川蜀惠之刻本讀而終篇已乃采

章杅寫并刻

爲會要頗亦恨蜀本之未盡善
也明年乙未承乏西來得因舊
刻校之補殘刊繆凡若干言乃
又訂其錯簡還其缺文於是史
通始可讀云昔人多稱知幾有
史才考之益信兼以性資耿介
尤稱厥司顧其是非任情往往

捃摭賢聖是其短也至於評騭
文體憎薄韋排亦可謂當矣善
讀者節取焉可也前史官陸深
書于布政司之忠愛堂
凡校勘粗畢譌舛尚多惜無
別本可叅對也方俟君子昔
人以思誤書爲一適斯言殆

未可廢也故宜如右廿又四

日深再題

甲戌十二月歸自臨沂整比家中舊書因抽此帙以消殘臘桉張氏謂曾得宋代刻本乃謌舛正待點勘何敢為即其顯著者雌黄叡處疑者則仍闕焉廿又八日焯書於貞志居

觀玉海中所引史通亦有譌字脱文乃知此書自宋時即斟善本或不至若此甚耳 甲申除夕重閱盡此卷因而識之時住 八貝勒邸中 焯

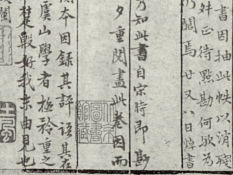

己丑重陽從錢楚殿借得孱守居士閱本因錄其評語其在行側者錄之闌下議論亦多莫快虞山學者極矜重之惟李滄葦侍御一人嘗道假本非楚殿好我未由見也始誤以為牧翁初入史館時所閱故闌上下皆寫錢評詳質之楚殿乃改正云 焯